闇より黒い光のうたを

十五人の詩獣たち

河津聖恵
Kawazu Kiyoe

藤原書店

闇より黒い光のうたを　目次

闇より黒い光のうたを

十五人の詩獣たち

凡例

一　プロローグ、及び第Ⅰ部は『環』第44号（二〇一一年一月）～59号（二〇一四年十月）の連載「詩獣たち」、「そこへ言葉を投げ入れよ」は『環』30号（二〇〇七年七月）、「》花よ、蛇の口から光を奪へ！《」は『現代詩手帖』二〇一四年十月号を初出とする。配列は連載時とは変更し、本書にまとめるに当たって大幅に加筆・訂正した。エピローグは本書書き下ろしである。

一　引用文の表記は、原則として原文通り。但し旧漢字は新字体に改めた。

＊本文扉写真提供＝市毛實

プロローグ

絶対的な彼方への呼び声

私たちはごく稀に、ある言葉の連なりを「詩である」と感じる。その「感覚」はいったいどのようなものか。言葉の選択、意味のずらし、音の美しさ、イメージの魅惑、文字と余白の関係などを駆使し、みずからを詩として感受させる言葉たちが、この世にはたしかに存在する。だが書かれた文字をいくら見つめても、あるいは文脈を辿り、論理や語の意味を理解しつつ読み進めても、それだけでは詩という「感覚」は生まれない。詩は起ち上がらない。読む者のまなざしの下で、言葉たちはふいに詩へと位相を変えるが、その時何が起こっているのか。読む者と言葉のどちらが変化したのか。一瞬、鎮まっていた紙面に身じろぎの予感が生まれ、活字は微動だにしないまま、抑圧されていた何かがそこにいきづきだす。言葉から透明に、呻きや吐息、聴こえない声が滲み出す。そして目の前の言葉が、私たちを絶対的な彼方へと呼ぶ。

詩には、人知れず被った暴力によって傷ついた者たちの呻きがひそむ。私たちが聞き届けようと身を乗り出す時、闇から光へ、あるいは闇からさらに深い闇へと身をよじる獣たちがいる。かれらは私たちに応え、私たちを呼ぶ。傷を負ったまま天を見上げ、声なき声で、蘇った鋭い痛みに呻きうたおうと、身じろぐのだ。そこに一瞬輝くのは、この世で唯一天を見上げる獣である人間の原形としての、痛々しい輪郭である。

死ぬ日まで天を仰ぎ
一点の恥じ入ることもないことを
葉あいにおきる風にすら
私は思いわずらった。
星を歌う心で
すべての絶え入るものをいとおしまねば
そして私に与えられた道を
歩いていかねば。

今夜も星が　風にかすれて泣いている。

（全文、金時鐘訳）

この尹東柱の有名な「序詩」にも、傷ついた獣がいる。誇り高く天を見上げる「私」は、まさに高貴な獣だ。「死ぬ日まで天を仰ぎ」とは呻きによるうたい出しである。「いとおしまねば」「歩いていかねば」という、解放間際の獄死という宿命を感知するかのような自分自身への言い聞かせにも、傷を抉るような悲しみが染みている。詩が作られた一九四一年はまさに、朝鮮半島が真闇に包まれた時代だった(翌年東柱は創氏改名をする)。闇のただなかで詩人は「星を歌う心で」という決意を書き付けたが、その時どんな絶望と希望にめぐるめいたのか。「星」とは希望か。しかしそれは「風にかすれて泣いている」し、詩人が抱こうとするのは、「星に向かって」でも「星について」でもなく、「星を」歌う心なのだ。つまり詩人は、闇に呑み込まれかけて泣く星の光、絶望へと裏返りそうに震える希望の、むしろその危うさ、痛みこそを、嘘偽りなく歌おうという。けれどこの詩に歌声はない。詩は声をあげないまま、枝が風にこすれる不吉な音で終わる。

うたの消えた闇に爪を立てて

そもそも詩には、共同性やつながりという、太古から人間がもとめてきた、いわば無意識のモラルや喜びへと人の心を向き直らせる力があった。詩をそのような力を持つものとして考える場合、書かれる詩だけではなく、人間がどんな苦難の中でも手放さない歌のすべてを指すはずだ。詩、と呼ばれるようになる遥か以前から、それは、うた、と言われていた。その名の通りそれは、みずからの死せる心を打ち、悲しみや痛みをうったえ、そして他者の心を打つ生命の力だった。人間の魂を打ち、いのちを蘇らせる言葉の力としてのうたは、ある時は、共同体全体をうちふるわす魔性を帯びる軍歌や国歌にもなったし、ある時は、共同体の外で風が星をこするように、傷ついた獣の痛みをうったえるエレジー、あるいは黙って癒す子守歌でもあった。もちろん、つながりあい、皆でうたいたいという、人間本来の共同性への願いを解き放つ、労働歌や革命歌、そして生きることへの讃歌があふれる時代もあった。

しかし今、この社会を内外から覆い尽くそうとするのは、うたいたいという、誰しもが抱くはずの渇望を、それが生まれる以前にことごとく塗り込めてしまおうとする薄闇である。東柱の時代から伏在してきた真闇が、少しずつ、気付かれないほどの薄さで、再び立ち現れてきているのだ。だがうたを否定するのは誰か？　それは私たち人間本来の意志ではない。グローバリズムが加速させる不死のシステムの、まさにニヒリズムである。だが人間の魂の奥には、この世界を席巻するシステムを免れる太古の洞窟が、いまだたしかに存在している。この薄闇に抗いうたいたい、という渇望は絶えることはない。私たちがうたを求める時、内奥は生命の水に濡れる。人間という原存在がみるみるいきづいていく。

うた。それは、才能や時代が創り出すというより、本能的な危機意識に関わるものだ。危機のありかと、それを越えるための共同性を探りあてようとする詩人の本能が創り出すものである。そしてすぐれた詩人とは、恐らく詩獣ともいうべき存在だろう。危機を感知し乗り越えるために、根源的な共鳴《うた》の次元で他者を求め、新たな共同性の匂いを嗅ぎ分ける獣。言い換えれば詩人とは、そのような獣性を顕現させ、人間の自由の可能性を身を挺し示す者である。

地上に向かって歌われたマストを掲げて
天の廃船がいく。

この木製の歌に
お前はしっかり歯を立てる。
お前は歌のように堅い
三角旗だ。

（無題全文、中村朝子訳）

ここで詩獣がうたう姿は、苦痛に満ちている。「歌」は「木製」の「マスト」と化し、「三角旗」となった詩獣はそこに「しっかり歯を立て」る。「歌」はもはや「木製」の遺物だ。歌を取り戻すためには「しっかり歯を立て」なくてはならないし、うたう者は「歌のように堅い」声なき三角旗となって、嚙み続けなくてはならない。「歌われたマスト」「木製の歌」「歌のように堅い／三角旗」といった撞着語法はツェランの詩の特徴だが、ここでは歌いたいのに歌えない、歌えないのに歌いたい、というう

たへの苦しい渇望を表している。

だが歌が「木製」であるとすることで、むしろツェランは希望を表したのではないか。「木製」とは恐らく、ホロコーストという歴史の徹底的な「炭化」に対峙させた言葉である。人間の破滅を越えてなお、どこかに存在するうた。それは天の廃船がぎいぎいと風に軋ませるマストの音のように、聴き取りがたく、また聴くにたえない、あるいは聴くに値しない音として、しかしたしかに実在する――そのような痛切な「希望」を、ツェランはうたったのではないか。

柱とは一見死物だが、空気を呼吸する。森で生きた木は、建材になった後数百年も生きるという。柱はまた、大勢の人間の労働によって作られた産物でもある。そこには木を伐り出す山人たちの歌や、木を用材へ削る木挽きたちの歌も染みこんでいるはずだ。そして労働の中で歌われるのは讃美歌でなく、あくまでも「地上に向かって歌われた」人間讃歌だ。一方、ここで救難の三

角旗と化した詩獣ツェラン自身にも、死者たちの歌が染み込んでいる。両親を強制収容所で失ったツェランにとって、「すべての詩は、最愛の母の墓碑銘として書かれた」(関口裕昭)のだから。

つまりこの詩でツェランが伝えようとするのは、歌はどこから始まるか分からない、という希望ではないか。柱が歌い出すかもしれないし、自分の中の闇から死者の歌が始まるかもしれない。そのような歌の可能性は絶望のように暗い。しかし最後の希望であるだろう。死せる柱のように見える現在の社会にも、生き死にしてきたすべての人間の歌が染み込んでいる。死してなお生きるうた、死者から生者への救難信号であり鋭い警笛でもあるうたは、つねに聴こえない音域でこの薄闇を震わせている。

今、うたの消えた闇に爪を立て、「歌なきうた」を継ごうとする者はどこか。近代システムがもたらした薄闇に火をもたらすプロメテウスは、いまだ鎖に縛られたままか。メディアを駆使し笑うシステムの悪意、うたを徹底的に滅ぼそうと睨むゴルゴンのまなざしが、薄闇となってこの世を満たそうとする。だが私たちは、うたの死に抗わなくてはならない。他者の中から、歴史の中から、そしてわが身の内から、眠れる詩獣を誘い出すことによって。社会という死せる柱を噛み、この「悪霊的な夜*」を内側から照らし出す、闇よりも黒い光のうたをうたうために。

＊「われわれの世界を包む神秘的な闇、悪霊的な夜は、逆説的にも、世界のひとしく神秘的な〔神の〕栄光への召命から生じている」（イバン・イリイチ『生きる意味』）。

第Ⅰ部　詩獣たち

風の痛み

尹東柱

一九一七年十二月三十日、北間島《ブッカンド》（現・中国吉林省延辺朝鮮族自治州）・明東《ミョンドン》村生れ。ソウルの延禧《ヨニ》専門学校を卒業後、一九四二年日本へ渡航。四三年同志社大学英文科に在学中、治安維持法違反で逮捕され、解放直前の四五年二月十六日、福岡刑務所で獄死する。没後刊行された『空と風と星と詩』は、韓国でロングセラー。同志社大学と京都造形芸術大学に詩碑がある。享年二十七歳。

歴史の暴風の中に生まれて

尹東柱《ユンドンジュ》は一九一七年、第一次世界大戦のさなかに中国東北部の北間島《プッカンド》・明東村《ミョンドン》に生まれた。北間島は、十九世紀末以降大韓帝国（当時）からの移民によって開拓された豆満江以北の地域を指す。清国の「国境内に存在する『朝鮮の地』」である間島地方は、韓国併合後も総督府の支配が容易には及ばなかったため、抗日パルチザンの根拠地となった。だが日本軍はこの地をもやがて討伐し始める（「満州国」建国後はその「領土」になる）。東柱が生まれた一九一七年は、「間島地方の韓人に対する警察権が、中国官警から日本官警へ移管される」（宋友恵）という状況だった。

二十世紀初頭すでに人の身も心も歴史の暴風に吹き晒されていた北間島。そこで東柱はキリスト教徒の両親の下で育つ（自身も幼児洗礼を授かる）。十八歳で故郷を離れソウルへ赴き、同地の延禧《ヨニ》専門学校文科を卒業後、一九四二年三月日本へ渡航。東京の立教大学英文科に入り、十月に京都の同志社大学英文科に編入する。在学中に学校教育で禁じられた朝鮮語で詩や日記を書きためたが、特高警察はそれが「独立運動」につながるとみなし、治安維持法違反で四三年七月に逮捕。翌年懲役二年の判決を受ける。そして解放直前の四五年二月十六日、旧福岡刑務所で二十七歳で獄死する。「毎日、名のわからぬ注射を打たれ」（『尹東柱全詩集』年譜）、生体実験の犠牲になったとも言われる。

空と風と星と詩

だが苛酷な歴史の暴風に耐え抜きながら、詩獣は詩の中に抵抗のメッセージを直接には表現していない。その詩は「総身うぶ毛でおおわれているような」「なよなよしいまでに清純な抒情感」（金時鐘）さえ感じさせる。だが抒情は抒情のままで終わらない。読む者には詩が指し示す何かの影がたしかに残される。短い詩の中にちりばめられた空、風、星、丘、道といった何気ない事物は、単なる描写でも抒情的なイメージでもなく、詩獣が時代の闇の中で必然性を以て嗅ぎ当てたメタファーである。

とりわけ「風」は印象的だ。そこには、故郷に吹きすさぶ大陸の風の記憶と共に、生まれてから死ぬまで熄むことのなかった植民地支配の暴風の恐怖も込められている。そうした風の痛みはどの詩にも存在するが、代表作と言える「序詩」でそれは、痛覚の深い次元を探るように静かにそよぎ続ける。

死ぬ日まで天を仰ぎ
一点の恥じ入ることもないことを
葉あいにおきる風にすら
私は思いわずらった。
星を歌う心で
すべての絶え入るものをいとおしまねば
そして私に与えられた道を
歩いていかねば。

今夜も星が　風にかすれて泣いている。

（全文、金時鐘訳）

この「序詩」は、延禧専門学校の卒業記念に出版を計画した『空と風と星と詩』の巻頭に置かれた。詩の末尾の日付は「一九四一年十一月二十日」。朝鮮民族に決定的な危機が訪れた頃だ。前年の創氏改名実施に加え、同年は治安維持法改訂、朝鮮思想犯予防拘禁令公布、朝鮮語教育全面禁止といった、まさに魂を殺戮するがごとき政策が次々実施された。詩獣は詩集を残すことで、自分の魂を救おうとしたのである。「序詩」は静かに押し殺した生命の叫びを聞くような詩だ。「死ぬ日まで」は正確には「殺される日まで」、「天」はキリスト教の「天」、「一点の恥じ入ることもないことを」は、凄惨な状況下でも神に対しあくまで清冽であろうという決意、「星を歌う心で／すべての絶え入るものをいとおしまねば」は、殺されていく者の無念を、せめて詩の言葉で漆黒の闇に輝く星として蘇生させたいという悲痛な願いを表す。「私に与えられた道」は、滅びゆく民族の魂をうたう詩人になるという使命を指す。その使命を果たすために東柱は文学を学ぼうと日本への渡航を決意し、翌四二年一月渡航証明書取得のために創氏改名届を出す。みずからの意志によることとは言え、誇り高き者には名を奪われるという出来事は耐えがたかった。詩はそれらの痛みに言葉を失うかのように一行の空白＝沈黙を置いてから、「今夜も星が　風にかすれて泣いている」と痛切に結ばれる。「かすれて泣いている」とは、遠い星さえもが地上の風の猛威に身をふるわせていることを意味するが、「かすれて」が能動態であることに注意したい。星はたとえ無意識にでもみずから暴風に触れて傷つき、涙や血のように光をちらつかせているのだ。するとこの星は、宿命に抗うのでなく呼び寄せられるように渡航し傷を受け、やがて歴史の暴力に屠《ほふ》られる詩獣の未来を予感してふるえているのではないか。

ハングルでの出版がもはや危険となったため、東柱は『空と風と星と詩』の刊行を諦める。だが日本へ渡航する前に同書の手書きの原稿を三冊作り、一冊は自分の手許に、二冊を友人と教師に託す。戦後友人が隠し持っていた一冊がこの世に現れ、初めて東柱の詩は知られ広く読まれるようになり、今では韓国ではその名を知らない人はいないほどその詩は愛されている。だがその理由は平易で親しみやすい朝鮮語で書かれているからだけではない。東柱の詩には詩としての類稀な純粋な美しさがあるからだ。それらはたしかに抵抗詩として書かれたが、抵抗といういわば「政治的」な意志は詩の美しさを妨げてはいない。むしろその意志こそが詩を切実に輝き出させているのだ。

時代のようにくるであろう朝

そもそもすぐれた抵抗詩とは何か。苛酷な言論弾圧の下で、抵抗者は直接的なメッセージはうたえない。その結果言葉は必然的に多義的になり、さらにそこに各言語に固有のニュアンスも加わりつつ、表面的には静かだが深い次元では饒舌なメタファーへと濃度を上げる。しかも読み手がそれを読むのは、多くは詩獣たちが屠られた後なのだ。時代の闇の中であるいは闇を越えてそれらを受け取った者は、メタファーの重みを掌に感じ、煌めきに目を凝らし、その真実の囁きに耳を澄ませていく。

韓国で東柱の詩集は、「二度三度と拾遺作品を補充して版を重ね、いまや一一九篇の詩と四篇の散文、それに年譜や解説を加えて厚みを増し」ている。だが逮捕後拘留されていた警察の取調室には、「証拠書類」と称する「一尺以上も積み上げられた書類」があったという（宋友恵）。その束には十カ月過ごした京都で綴った作品も含まれていたろう。だが敗戦直後、刑事たちはそれらの「証拠書類」を燃やしてしまったという。その結果渡航後の作品としては立教時代の五篇しか残されていない。しかし灰となった詩篇には、暴風と真闇のただ中で詩獣の全感覚を研ぎ澄ませて選び取られたメタファーが存在していたはずだ。それはどのような境地のものだったか。

立教時代の作品「いとしい追憶」と「流れる街」には、ただならぬ郷愁と虚無感が感じられる。「流れる街」（四二年五月十二日）では、闇の中心でむしろ風は静まり白い霧と変じ、詩獣の方位感覚を迷わせ溺れさせているようだ。

おぼろに霧が流れる。街が流れてゆく。あの電車、自動車、あれだけの車輪がどこへ流されてゆくのだろう？　停泊するいかな港とてない、憐れな多くの人を載せて霧の中に沈んでゆ

く街は、

街角の赤いポストを摑んで佇んでおれば　すべてが流れるただ中でぼんやり光っている街路灯、消えずにいるのはなんの象徴か？　愛する友、朴《パク》よ！　そして金《キム》よ！　君たちはいまどこにいるのか？

（第二連、同前）

だが約三週間後に書かれた「たやすく書かれた詩」（同年六月三日）で「霧」は「雨」に変わる。「ささやく」雨音に促されるように、詩獣は孤独な内省の中でしっかりと身を起こしていく。「六畳の部屋」とは、日本では小さな下宿部屋しか身の置き所がないという、精神的に追いつめられた状況だが、詩の終わりでは、追いつめられているという自覚からこそ、新たな抵抗の意志が芽吹いていることが見てとれる。

六畳の部屋は　よその国
窓の外で　夜の雨がささやいているが、

灯《あか》りをつよめて　暗がりを少し押しやり、
時代のようにくるであろう朝を待つ　最後の私、

私は私に小さな手を差しだし
涙と慰めを込めて握る　最初の握手。

（第八連から第十連、同前）

「時代のようにくるであろう朝」とは、夜の雨に降り込められた詩獣の魂深くに仄かに点った幻想の光か。「私は私に小さな手を差しだし／涙と慰めを込めて握る　最初の握手」は、自分という同志しかいない未知の抵抗の決意なのか。いずれにしても、謎めいた詩行は、それ自体が読む者へ差し出された「最初の握手」である。

詩獣は、福岡刑務所で絶命する瞬間、「何の意味かわからない」（宋）叫びを一言上げたという。それは暴風が与えた最後の痛みであり、生きたいという意志でもあり、朝鮮の独立や故郷への思いを表現する言葉でもあったろう。そして何よりも詩への思いが込められていたろう。耳を澄ませば今も遺された言葉深くから叫びは響く。いまだ吹きすさぶことを熄めない歴史の不吉な風の音も蘇る。その時読者もまた詩獣となるだろう。東柱の死後いまだ訪れていない「時代のようにくるであろう朝」を、みえない闇の中で傷の痛みを抱えながら待ち続ける「最後の私」であるだろう。

パウル・ツェラン

アウシュヴィッツ以後、詩を書くのは野蛮か

一九二〇年十一月二十三日、ルーマニア王国・ブコヴィーナ地方の首府チェルノヴィッツ（現・ウクライナ）のユダヤ人家庭に生まれる。四二年両親は強制収容所で死去、自身も労働収容所で強制労働に従事。四八年パリに移住。詩集『罌粟と記憶』『誰でもない者の薔薇』『迫る光』。六〇年ビュヒナー賞を受賞。七〇年四月十九日（推測）、セーヌ川に投身自殺。享年四十九歳。

「間違っていたのかもしれない」とアドルノに言わせた詩人

「アウシュヴィッツ以後、詩を書くのは野蛮である」（『プリズメン』）という、哲学者アドルノが一九四九年に記した発言がある。ユダヤ系ドイツ人であるアドルノは、最も繊細であるべき詩さえもはや野蛮となったと言うことで、アウシュヴィッツを生みだしたヨーロッパの文化全体を批判したのである。だが後日アドルノにこの発言を「間違っていたのかもしれない」（『否定弁証法』）と訂正させたと言われるのが、ドイツ語で詩作をしたユダヤ系ルーマニア詩人、パウル・ツェランである。

ツェランは両親を強制収容所で失った。父はチフス、母は射殺だった。彼自身も強制労働に狩り出され、命の危険に晒された。戦後は亡命先のパリで、ナチスによって殺された死者たちの声に耳を澄ませながら、深い文学的知識やユダヤ神秘主義にも裏打ちされた「難解な」詩を書き続け、やがて狂気の果てに自死を遂げる。

死の六年前の一九六四年、ツェランは「私は詩なのです」（関口裕昭『評伝パウル・ツェラン』）と語ったという。それは狂気の表れだったろうか。だがすでに五八年、文学賞の受賞の挨拶で次のように語っている(『パウル・ツェラン詩論集』)。アウシュヴィッツの後、言葉以外を破壊された自分にとって、詩作だけが生きることを可能にした。詩を書くことによってのみ、「自分を方向づけ」「自分の居場所を知り」「自分に現実を設定する」こと、そして「語りかけ得るきみ」の可能性を感じることができた——。つまりツェランは詩作によって、自己と他者という人間の精神にとって不可欠な両極をかろうじて保ちえたのだ。しかしその精神のバランスは、反ユダヤ主義の不穏な気配、詩才への嫉妬による誹謗中傷、世間の無理解によって、やがて悲惨に破壊されていく。

アウシュヴィッツ後も戦争は止まず、核実験が繰り返され、絶望と沈黙の灰がふりつもる世界。ツェランは死者たちを忘却する「世界の白い心」を「書く歯」で嚙み、「語の爪」で記憶させようとした。もはや不可能となった詩という隘路をひらこうとした。声を押し殺しながら叫ぶようにして文字に刻んだ。

猪の姿となって
お前の夢は　夕べのはずれの森たちを　足を踏み鳴らしていく。
氷を割って出てきたその夢の牙は
その氷のように

きらめくように白い。

その夢は　自身の影が木々から引き毟った
葉むらの下から
一つの苦い木の実を掘り出す、
お前自身がここを歩んだとき、
お前がこちらへ突き離した心のように　黒い
一つの木の実。

（「猪の姿となって」第一連と第二連、中村朝子訳）

「猪」はツェラン自身だ。死者の痛苦という「苦い木の実」を、世界の凍土からかつかつと掘り出す詩獣の姿。奇跡のように転がり出る「黒い木の実」は死者への供物としての詩の言葉である。だが恐らく「猪」自身もまた、生贄の運命を背負っている。夢の牙が孤独に煌めく。前述の挨拶でツェランは、詩人とは「身の毛のよだつばかりの空の下を、現実に傷つきつつ現実を求めつつ、みずからの存在とともに言葉へ行く者」であると述べたが、それは、みずから狂気の「迫る光」に追われる身でありながら、死者のために言葉を刻んだ詩獣としての告白である。

母が入って来られない扉の「内側」で

一語一語から無限に思考させ感じさせる、ツェランの詩。その詩作の原点には、最愛の母の死がある。詩の核にはつねに、死せる母への無限の愛情が秘められている。ツェランが詩を書いたのは、「母に届けられなかった『布』の代わり」(関口裕昭)としてなのだ。さらに、並外れた語学の才能がありながら、母の殺害者の言葉であるドイツ語で詩を書き続けたのも、最愛の母の言語=母語だからだ。つまりツェランの詩作は、殺害者の言葉から優しい母の言葉を救い出すという、いわば言語における浄化=祈りの作業であったと言える。何よりもそれは、いつどのように死んだか分からない母の墓碑銘を、この世の忘却に逆らって刻む、ひそやかで厳かな喪の儀式、母と自分を繋ぐ方途なのだ。

次の作品はあきらかに母の墓碑銘として書かれている。

ハコヤナギよ、お前の葉が暗闇のなかを　白く見つめている。
ぼくの母の髪は　決して　白く　ならなかった。

タンポポよ、こんなにも緑だ　ウクライナは。
ぼくの金髪の母は　帰って来なかった。

雨雲よ、お前は　泉のほとりで　ためらっているのか?
ぼくのひそやかな母は　皆のために　泣いている。

丸い星よ。お前は　金色のリボンを結ぶ。
ぼくの母の心臓は　鉛で　傷ついた。

樫の扉よ、誰が　お前を　蝶番から　外したのか?
ぼくの優しい母は　来られない。

（無題全文、同前）

この詩は亡き母への痛切な思いに満ちている。だがそれは死者への単純な悲しみではない。母は死者のイメージとしてさえ「ここ」に立ち現れていない。母はたしかにどこかに存在し「皆の

ために　泣いている」が、死者として名づけられる存在でさえない。つまりこの世の象徴の秩序の中にいまだ棲まうことができないのだ。母がこの世の象徴秩序に組み込まれている存在ならば、「ハコヤナギ」の白にも、タンポポの「金色」にも喩えることが出来るだろう。だが母は、植物に喩えられかすかなイメージとして蘇る寸前に、「白くならなかった」「帰って来なかった」と次々に否定される。そして死者とさえ言えない絶対的な不在と化した後は、ただ自然が残酷に輝きわたるのだ。絶対的な不在——それがツェランにとって母の真実の姿である。不条理な死を遂げた母の死は、まさに消滅であり、灰の散逸であり、悲鳴の遍在なのだから。

扉は開いているのに入って来られない母は、開かれた敷居に、扉が吹き飛ばされた生々しい破壊の余韻を感じ、怯えている。死んでいるのになお死を恐れている。その怯える気配だけが、ツェランにとって母がどこかにいるという証左である。

件のアドルノの発言の真意は、死者をイメージ化してはいけないという表象の禁止である。その前提としてまず、死者たちがこの世の象徴秩序の暴力さえ恐れ、絶対的不在として世界の外で怯えているというアウシュヴィッツ以後の世界の姿がある。だがツェランは死者の不在から書き起こした。死者の不在をこそ、この世の忘却と沈黙に書き刻もうとした。

死者に共振する詩獣

「アウシュヴィッツ以後、詩を書くのは野蛮である」。それは逆に言えば、死者の怯えを感じるほど自分を無にし耳を澄ませる詩人ならば、死者を比喩することを許されるということだ。ツェランは、母を始めとする死者の怯えに共振するために、詩獣の知覚を鋭敏に研ぎ澄ませ、世界の白い心を絶妙に傷つけた。比喩の痛みにかすかに生まれる陰翳に、母を憩わそうとした。

アドルノの発言が「野蛮」として指弾するのは、イメージ＝「見ること」である。「詩を書くのは野蛮である」とは、「見る」という欲望から生まれる像的な比喩は野蛮だということなのだ。なぜなら「見る」という欲望は、結局は全能感へと繋がる支配欲であり、それこそがアウシュヴィッツを生み出したものだと言えるから。ならば、「野蛮ではない」詩とは、死者に耳を澄ませ、死者に共振する言葉によって紡ぎ出されるはずである。

あらゆる想いと一緒に　ぼくは
この世界から外へ出た――そこにお前がいた、

お前　ぼくのひそやかな女、お前　ぼくの開いている女、そして——
お前はぼくたちを迎え入れた。

誰が言うのだろう、ぼくたちにすべてが死んだのだと、
ぼくたちの目が曇ったとき？
すべては目覚めた、すべては始まった。

（一連略）

軽やかに
お前の胎内が開いた、静かに
ひとつの息が　エーテルのなかへ上った、
そして　曇ったもの、それは、
それは　姿ではなかったのか　そしてそれは
ぼくたちからきた
ほとんど名前のようなものではなかったのか？

（「あらゆる想いと一緒に」第一、二、四連、同前）

詩が死者のふるえと共振することによって、「ぼくのひそやかな女」＝母＝死者の側からようやく、ありえなかった扉は開く。失われていた蝶番＝つながりを回復し、重い音を立てて。そして生者は死者に「迎え入れられる」。すべては「目覚め」すべてが「始まる」。母の胎内から、絶命と共に奪われた「ひとつの息」が蘇る。イメージでも観念でもない死者の「姿」が、エーテルの中へと立ち上る。それは「ほとんど名前のようなもの」、死者の尊厳の証としての「墓碑銘」となる。

冒頭に述べた、ツェランの詩を読んでアドルノが発言を撤回したと言われる箇所は以下のようだ。「永遠につづく苦悩は、拷問にあっている者が泣き叫ぶ権利を持っているのと同じ程度には自己を表現する権利をもっている。その点では、『アウシュヴィッツのあとではもはや詩は書けない』というのは、誤りであるかもしれない」。アドルノはツェランの繊細に刻む言葉に、うめき声を聴いたのだ。みずから深い傷を負いうめく詩獣は、なおも残された言葉を信じ、「灰黒色の荒野《アウシュヴィッツ》」に詩の傷を刻んだ。レコードの溝のように繊細できわどい比喩と詩想で、死者の声の道を作った。詩というわずかな陰翳に寄り添い、覆いも庇護もない白い世界の中でとまどう死者たちが憩えるように。生者が共振することで死者と再び出会い、不可能な歌を共にうたえるように。

かがやける世界の滅亡にむかって

寺山修司

一九三五年十二月十日、青森県弘前市で生まれる。早稲田大学中退。中学時代に俳句を始め、五四年「チェホフ祭」で短歌研究新人賞。歌人及び詩人として注目される。六七年演劇実験室「天井桟敷」を設立し、前衛演劇を次々と公演。歌集に『空には本』『血と麦』、長編叙事詩「地獄篇」、戯曲に「青森県のせむし男」「奴婢訓」「レミング」。八三年五月四日、肝硬変のために死去。享年四十七歳。

歌のわかれと「家出」

一九六七年、三十一歳の寺山修司は演劇実験室「天井桟敷」を旗揚げする。寺山は旗揚げの日について自叙伝にこう記している。「その日が私の『歌のわかれ』の日になり、短かった『結婚の終わり』の日になるはずであった。／私はまだ、演劇の内実についてはきびしく考えてはいなかった。ただ、『何かが変る』ということにだけ、きびしく緊張していたのであった」（『消しゴム』）。短歌から演劇という虚構空間への飛躍は、寺山にとって全く「新しい時」（『消しゴム』で引用されたランボーの詩「別れ」より）だった。生の鉄路が切り替わり、後戻りが出来ない未踏の荒野へとついに躍り出たのだ。では詩も忘れ去られたのか？　いや、寺山の演劇や映像のどれにも、濃厚な詩性がみえない獣の血としてあふれている。

青森で生まれ育った詩獣は、中学時代に俳句から出発する。大学時代から歌人、やがて詩人としても才能を開花させる。だが高校生の寺山が「家出」を決意したのは、まずボクサーになるためだ。北方の暗がりに身を潜める若き詩獣が幻視した東京は、言葉なき肉体で勝負する白熱したリングである。だがボクサーへの夢は挫折し、やがて詩人になるために夜汽車に乗る。「みんなやっぱり、暗い『家』の中で、くすぶっているのだろうか。あるいは『家』を作りかえて、都市を軽蔑しながら、やさしく強い青年に成長しているだろうか！　そう思うと何か心に沁みるような芝生の青さが、詩人になろうとして、上野行の汽車にとびのった十年前のわたし自身を思い出させます」（「家出のすすめ」）。上京して十年後の感慨である。芝生を這う一生殻から抜けられない蝸牛に、故郷の友人たちを重ね合わせて見ている。自分も含めた青年たちにとって家は、逃れられない殻、あるいは小さな国家だった。寺山が二歳の年に公刊された「国体の本義」で表現される、国家を作り上げるための単位である家には、戦後も小国家幻想が水たまりのように濃く残った。戦争未亡人たちは息子に過剰な愛情を注ぎ、寺山の母も上京を望む息子に対し心中さえ迫る。「母は『わたしを育てることに、お国への責任があるのだ』と言っていましたが、実際にはわたしを個人の人間として扱わずに自分自身の分身とみていたのでしょう。それは、一つの屋根の下では、たった一人の人間しか住むべきではない、という母の世代の信仰でもありました。（…）母にとって『家』の意味は、ただひたすらに愛情的機能を他の価値観に置き換えることになりました」（「家出のすすめ」）。「たった一人の人間」とは敗戦までは天皇または家長だが、戦後はその絶対的な地位を、「お国」という幻想の残像をちらつかせてさえ母親があからさまに占有したのだ。

「歴史」から「地理」へ

だが残像と化したのは国家だけではない。歴史もまたその実像を失う。九歳で玉音放送を聞いた時の感覚を、寺山はこう書く。「時間は人たちのあいだで、まったくべつべつのかたちで時を刻みはじめていて、もう決して同じ歴史の流れのなかに回収できないのだ、と子供心にも私は感じていたのだった」(「誰か故郷を想はざる」)。この「歴史の回収不能感覚」の背後には、空襲で目の当たりにした地獄のトラウマがある。それは、自分は本当はかくれんぼの子供のようにいまだそこに閉じ込められている、という存在の二重感覚を寺山にもたらした。知人の女性の無惨な死体を見た時を回想した一節。「それを見て私はすぐに『赤いおねえさんだ』と思った。すると、私自身が幼い頃に見た、あのお寺の『地獄絵』の中にぽつんと一人だけ取りのこされているような気がしてきた。荒涼とした焼野原。まきちらされている焦土の死体たち。花火のように絢爛としていた前夜の空襲――『ものみな、思い出にかわる』ということばにならえば、私自身が生き残ったということさえも、ただの思い出にすぎないのではないか」(同前)。戦後、人は真の自己をそれぞれの「地獄絵」に閉じ込められ、ばらばらに進行する歴史を亡霊のように生きなければならなくなった。
もはやたった一つの歴史はありえない。だが個人の暗い思い出に閉じ込められてはならない。やがて詩獣は、歴史と思い出を突破する「地理」という次元を見出す。それはキャッチボールをする焼け野原が象徴する新たな可能性の空間だ。「終戦後、私たちがお互いの信頼を恢復したのは(どんな歴史書や政治家の配慮でもなくて)、実にこのキャッチボールのおかげであった。キャッチボールと性の解放が、焦土の日本人に地理的救済のメソードを与えることになったのだ。『地理』主義とは配布図の問題ではなくて、いかにしてそれを渉《わた》るかという思想の問題である。それは、人間を決してマッスではとらえない。相互にコミュニケーションのなかで、実感を復権させることになるのだ」(「書を捨てよ、町へ出よう」)。キャッチボールと性という、言葉のいらない二者(二者とは「マッス」に対する対立概念)による信頼とコミュニケーションの恢復の方途。それが寺山修司の「詩学」の出発点である。戦後の廃墟で人の無言の関係の恢復力が、「地理」という舞台を鮮やかに創造したのだ。そこではどこからでもあらゆる歴史が噴出する。世界の心臓はどこにでも鼓動する。

血があつい鉄道ならば

走りぬけていく汽車はいつかは心臓を通るだろう
同じ時代の誰かが
地を穿つさびしいひびきを後にして
私はクリフォード・ブラウンの旅行案内の最後のページをめくる男だ
合言葉は　A列車で行こう　だ
そうだ　A列車で行こう
それがだめなら走って行こう

（「ロング・グッドバイ1」第一連）


むき出しのニクロム線の中を走ってゆく熱い主題の電流よ！　私のアパートから刑務所の炊事場まで地中を驀進してゆくガスよ！

ほとばしる水道の地下水！　そしてまた、告発し、断罪する一〇〇の詩語のひしめきの響きよ！

それらが一斉に告げる綱領なき革命の時のポーよ！　ポー！　ポー！　ポー！　ポー！

ポー！　ポー！　ポー！　ポー！　ポー！　ポー！　ポー！　ポー！　ポー！

ポー！　ポー！　ポー！


（同前「2」部分）

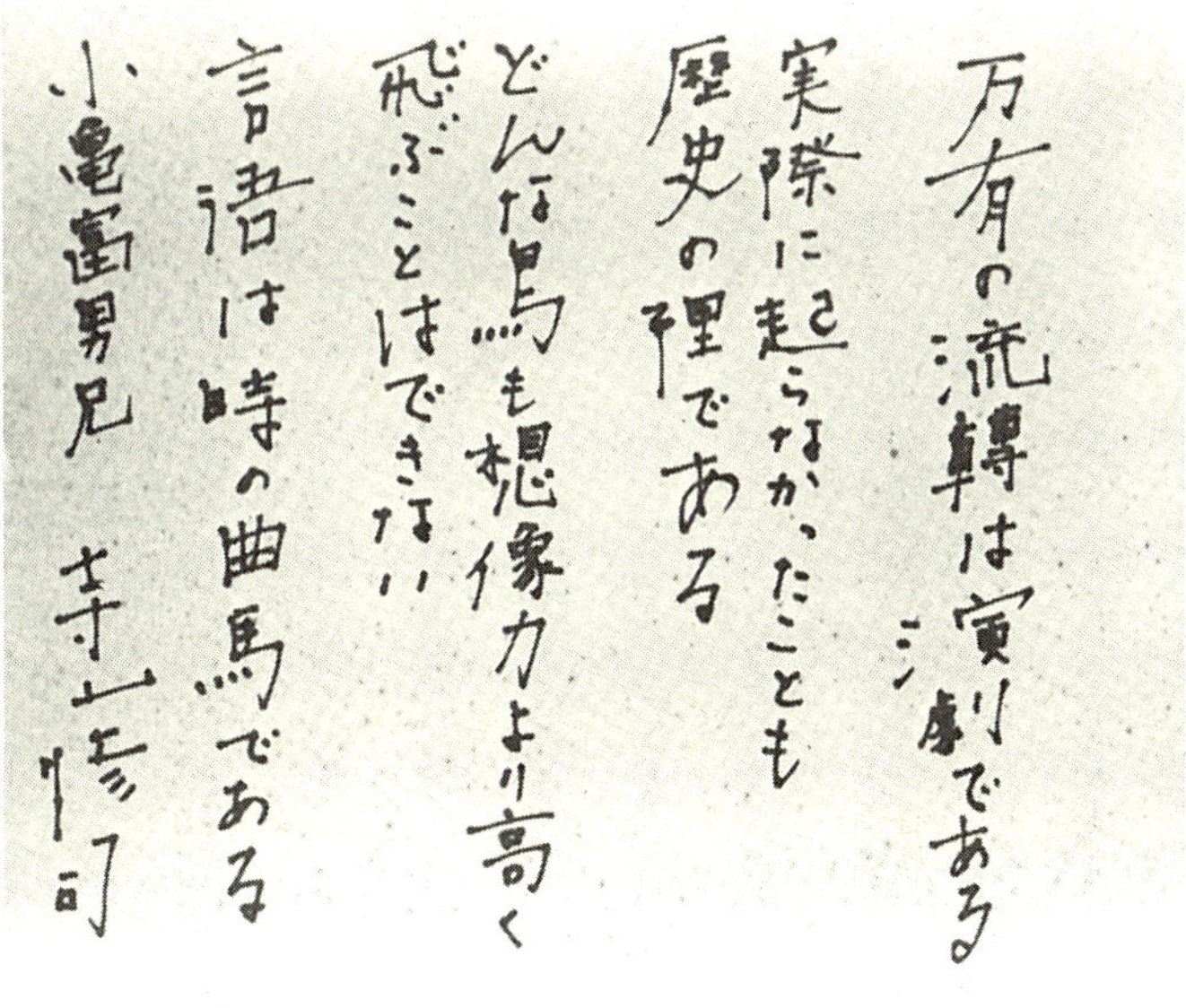

寺山修司、小亀富男（小川太郎）宛色紙
（『新潮日本文学アルバム　寺山修司』新潮社、1993年より）

寺山の「地理」は、あらゆる歴史がポー！と各所で叫びをあげる新鮮な荒野だ。起こった歴史も起こらなかった歴史も（起こらなかった歴史も歴史のうちであるとは寺山のモットー）、幼年期に取り残されたままのかくれんぼの鬼も、引き出しに忘れられた蝶も、ふたたびそこに蠢き出す。あるいは「地理」とは、片眼をつぶることで生まれる二重の視野（「閉じた片眼のなかにあらわれる暗黒が、あいた片眼で『見た』ものの証人となる」（「書を捨てよ、町へ出よう」））だ。その時歴史という幻想は消え、世界は一面、交感の電流の走る野と化す。そして詩獣が駆け出す。野から空へと飛翔し、飛翔と共に空をひらく。

やがて寺山の「地理」は現実と対峙し、現実の証人となるべき虚構＝未曾有の演劇空間を、動乱の六〇年代に鮮やかに現出させていく。

かがやける世界の滅亡にむかって

寺山は「読者を喪失し、怠惰なモノローグのなかで孤立し、『私』のなかに退行している短歌」（「消しゴム」）から別れ、演劇を選ぶ。演劇こそが「日常の秩序を検証する手段」（同前）としてふさわしいと思えたからだ。『奴婢訓』や『レミング』など筆者が見た晩年の舞台を思い出しても分かる。観客が立ち会ったのは確かに「もう一つの現実」であり、正確には「もう一つの現実という意味での虚構」だった。そこには歴史の闇を引き裂く虚構の強烈な光があった。あるいは歴史の漫然とした明るさを引き裂く虚構の闇の力を感じさせた。言い換えれば虚構の力とは、演ずる人間の肉体の力であり、舞台で人間と人間が対峙する緊張の力であり、空間の筋力としての言葉の力である。詩はみえない獣の血として、「演劇という肉体」に脈打っていた。それら総体が「与えられる政治状況に自己の主体を与え返すための武器」(「幸福論」)としての未知の想像力を、観客自身の内部に感じ取らせ、不思議な希望をもたらしたのである。寺山の演劇を見た者ならば、一回性の閃く空間を鮮やかに記憶しているだろう。だがそれは「歴史」にならない「地理」である。つまり白熱した永遠の現在なのだから、当時の空間に再び分け入らなければ本当には思い出せず、もどかしさが募るばかりだ。

「綱領のない革命」(「人力飛行機のための演説草案」)という自由そのものの具現化として、「国家の極限」(同前)を飛び続けた大鳥＝詩獣。その身の内には、「飛びたいと思う前からおれは両手をひろげていた」という程の若々しい自由への渇望と、「丸腰の欲望」(「誰か故郷を想はざる」)としての飛翔への欲望が脈動していた。人間と人間が向き合う舞台という「地理」から、未来という「エクスペリエンス」(「幸福論」)を創造しようと疾駆し飛翔し続けた詩獣は、歴史という歌(「歴史なんて所詮は作詞化された世界にしかすぎないのだ！」（「事物のフォークロア」）も過去の告白もふり捨て、人間と人間の関係を根源的に作り直そうとしたのだ。再び狂った歴史の歌をうたい始めた現実と、鮮やかに対峙するために。

一九八三年、四十七歳で詩獣の命は尽きる。だがその死は歴史の線の断絶ではない。「地理」における消滅、その死と共にすべてが消え去る「世界の滅亡」の輝きとしての消滅だったのである。

さあ、A列車で行こう
それがだめなら走って行こう
一にぎりの灰の地平
かがやける世界の滅亡にむかって！

（「ロング・グッドバイ」末尾部分）

ガルシア・ロルカ

詩という空虚を抱え込んで

一八九八年六月五日、スペイン・アンダルシア州グラナダ県の小村の農場主の家庭に生まれる。一九一九年マドリードでダリやブニュエルと交流。二八年詩集『ジプシー歌集』を出版し絶賛される。詩集『カンテ・ホンドの詩』、戯曲『血の婚礼』。三六年八月十九日早朝、グラナダ近郊でファシストに銃殺された。享年三十八歳。

アンダルシアのざわめきの中に生まれ育った詩獣

ガルシア・ロルカの詩は、音読する時にその美しさがもっとも立ち現れると言う。スペイン語の原詩を我流に読むだけでも、その豊かな音楽性は感じられる。だがたとえ翻訳であっても、その詩には詩人の魂の動きが、おのずと見えてくる。悲しみと歓びの透明な波動が、光や風や水のように伝わってくる。磨き抜かれたプリズムのような詩獣。その詩は、世界の煌めきに共鳴し、ガラスのような感性で愛や苦悩を屈折させる、類稀な美しい空虚の結晶体だ。詩という空虚こそは人間の魂の真実である——詩獣は、空虚を押しつぶす政治の肉厚な声の暴力が世界を満たし始めた時代に、透明な声で高らかにうたった。

ファシズム前夜、詩獣はアンダルシア地方の豊かな自然の中に生まれ育つ。歴史の重力とは最も相容れない(だからこそファシストの憎悪を誘った)清冽さと美しい空虚を生まれながらに抱え込みながら。『詩の本』(一九二一年)は、幼いロルカの感性を育んだ故郷の自然のざわめきに満ちた第一詩集だ。グラナダ近郊の村の、裕福な農家の長男として生まれた詩獣は、生まれつき片足がやや不自由で終生歩行が遅かった。蜜蜂、蛙、かたつむり、蜘蛛、蟻、こおろぎ、つばめ、オレンジ、オリーブ、風、星、月、太陽、そして小川や泉の水音と語り合いながら成長した。自然の中にこそ感情の原形があることを学び、ざわめく木々やふるえる水から、うたの原初のリズムや旋律を獲得した。

星空に正面を向けた沈黙の科学を
花が所有している、そして昆虫も同じだけ。
歌のための歌の科学を
ざわめく森と　海の水とが
持っている。

地上の生命の深い沈黙を、
バラの木の中で開いた
バラの花が　ぼくらに教える。

ぼくらの魂が閉じこめている

香りを　提供しなければならない！
すべての光と善意が
いずれも歌でなければならない。
暗い夜に正面を向けて　ぼくらは
そっくり全部　開かなければならない、
不死の露でぼくら自身をいっぱいにするために！

（「銀のポプラ」部分、小海永二訳）

このような「大地への愛」は、必然的に大地と共に生きる農民や、大地を放浪するジプシーへの共鳴へと繋がっていく。グラナダには、ジプシーたちの洞窟住居があった。ロルカは彼らから、「カンテ・ホンド（深い歌）」と呼ばれる、「東洋の原始的な歌の特質が（…）保存されている」（小海永二『評伝』）、「アンダルシアの民衆歌謡のなかでも、もっとも古い、純粋な形式」（中丸明）を教えられ、以後関心を寄せせる。同時期やはりカンテ・ホンドに魅惑されたスペイン国民楽派の代表的作曲家であるマヌエル・デ・ファリャは、土臭さを失いフラメンコ化したカンテ・ホンドを救い出そうと、コンクールを企画する。ロルカは、真のカンタオール（歌い手）とカンテ・ホンドを求め、アンダルシア中を歩き回る。その中で、多くの土着のカンテ・ホンドを知り、老人たちがカンテ・ホンドで会話するのも耳にする。

大地への愛とシュルレアリスム

アンダルシアを放浪した体験から、後に詩集『カンテ・ホンドの詩』（一九三一年）が生まれる。次の作品は、「カンテ・ホンドの形式を忠実に踏んでおり、もっともポピュラーに、口ずさまれているもののひとつ」（中丸明）である。

グアダルキビール河は
オレンジの木々とオリーヴの木々との間を流れる。
グラナダの二つの河は
雪から小麦へと下る。

ああ、去り行きて
二度と戻らなかった愛よ！

グアダルキビール河は
暗紅色のひげを持つ。
グラナダの二つの河は
一つは涙し　一つは血を流す

ああ、空へと
去ってしまった愛よ！

（〈三つの河の小譚詩《パラーディイリャ》〉第一連から第四連、同前）

詩はアンダルシアの広大な風景からうたい出されている。だが「雪から小麦へと下る」という大胆な換喩や、河の擬人化により詩は郷土詩の次元を超える。河はオレンジやオリーブの木々と共に遥かな空虚へと向かう。つまりこの詩は、郷土的モチーフを詩的な空虚にまで届かせえた、いわば郷土愛にもとづくシュルレアリスム詩と言えよう。それはこの『カンテ・ホンドの詩』にも、その後に書かれた『ジプシー歌集』の詩篇にも共通する手法だ。ロルカのシュルレアリスムは、一九一九年から九年間住んだマドリードの「学生館」（共同生活しながら自由に学ぶ教育機関）で、ダリやブニュエルたちとの交流によって学び取られたものだが、ロルカは、その知的な技法や洗練された感覚に溺れなかった。「むしろ、彼の詩の成功の秘密は、基本的に、洗練された近代的詩風を維持しつつその発想の根において、伝統的、民衆的なものとの接触を失わなかった点にある」(『評伝』)。つまりその詩は、アンダルシアという土地固有の、水や木々や風や光や人間のリアリティを確かな媒体とすることで、シュルレアリスムから知的感性的遊戯にとどまらない普遍的な可能性を引き出したのである。

つまりロルカの胸をつくような詩の美しさは、民衆と伝統の力への信頼と、言葉の先端的な美意識とが見事に融合して生まれた、深い伝達の力に支えられている。知性と感性の繊細な五線譜の上で、故郷の自然と人間の輝きが共鳴し、一つの音楽へと高められている。詩と共に演劇も次々と書かれたが、詩獣にとって演劇は、詩と人間をより密接に結びつけるための方途だった。「演劇は、書物の中から立ち上がって、『人間化した詩《ポエシーア》』です。そうなった時、詩《ポエシーア》は、語り、叫び、泣き、そして絶望するのです」(『評伝』)とも語っている。

民衆の苦悩と共に

やがてスペインの貧しい民衆への共感は、二九年、世界恐慌の年のアメリカ体験を通し、虐げられた全民衆へ向かい深められていく。ロルカは救急車が運ぶ「両手に指輪をいっぱいはめた自殺者たち」を生む強欲資本主義に怒りを抱く一方、「苦悩には慰めが、傷には優しい繃帯が差しのべられる」ハーレムの黒人たちの苦悩に共感する。「苦悩……それがわたしの詩的世界とニュー・ヨークの詩的世界との接触の始まりです。この二つの世界の間に、北アメリカの中にまぎれこんだ、アフリカおよびその周辺の悲しい民衆がいます。(…)とりわけ黒人たち！　彼らは、その悲しみを抱いて、アメリカの精神的な中軸となりました。純粋に人間的な自然ともう一つのあの本来の自然とに、あんなにも近くにいる黒人。(…)グラナダの人間であるということが、わたしを、迫害されている人々への好意的な理解へと向かわせるのだと、わたしは思います」(『評伝』)。

ロルカの詩の根源には、苦悩がある。大地から根こぎにされた放浪の民と、今も満ちているはずの自然のうたにみずから心を閉ざす現代の人間の苦悩、そしてそれらを前に、幼年期の純粋さのまま身をよじる自分自身の苦悩が。とりわけ晩年に書かれた『イグナシオ・サンチェス・メヒーアスへの哀悼歌』『ガリーシアの六つの詩篇』『タマリット詩集』にある苦悩のリアリティは、重い。そこには、ファシズムの嵐、死の予感と共に、スペインという土地固有の死の匂いのする世界観と歴史からの重力がかかっている。

ベラの鐘を聞く
それだけのために
僕は君にかぶせた　バーベナの花冠を。

グラナダは木蔦の間に
溺れる月だった。

ベラの鐘を聞く
それだけのために
僕は引き裂いた　カルタヘナの庭を。

グラナダは　風見たちの間を駈ける
ばら色の　一匹の鹿だった。

（「姿を見せない恋のガセーラ」冒頭部分、平井うらら訳）

この詩は、アルハンブラ宮殿の「ベラの鐘」が響くグラナダの町を、「溺れる月」と「ばら色の一匹の鹿」にたとえる。「ガセーラ」とはアラブの詩の古形。ロルカは、アラブの詩形を用いて現代スペインの苦悩と歓喜を表現しようとした。あるいは逆に古いアラブの苦悩と歓喜を現代スペイン語で蘇らせようとした。その結果、歴史を貫く人間の苦悩の輝きを詩の核としてうたったのである。

だがそのように過去のアラブ文化と今のスペインを貫く普遍的な魂の輝きをうたったことが、ファシストの怒りを買った。当時保守主義者は、レコンキスタ以前を暗黒時代と切り捨て、かつての世界帝国を再興しようと企んでいたから。さらには知識人という存在への憎悪と、ロルカが「革命家でない本当の詩人なんていない」（『評伝』）という詩人としての純粋な信念から、人民戦線に加わっていた事実への憤怒も加わり、ファシストは「詩獣狩り」の狂気に駆られた。スペイン内戦勃発一カ月後の三六年八月、ロルカは、グラナダ近郊の「フェンテ・グランデ」（大いなる泉、アラビア語で「涙の泉」）の近くのオリーブ畑で銃殺される。三十八歳。殺された正確な場所は分かっ

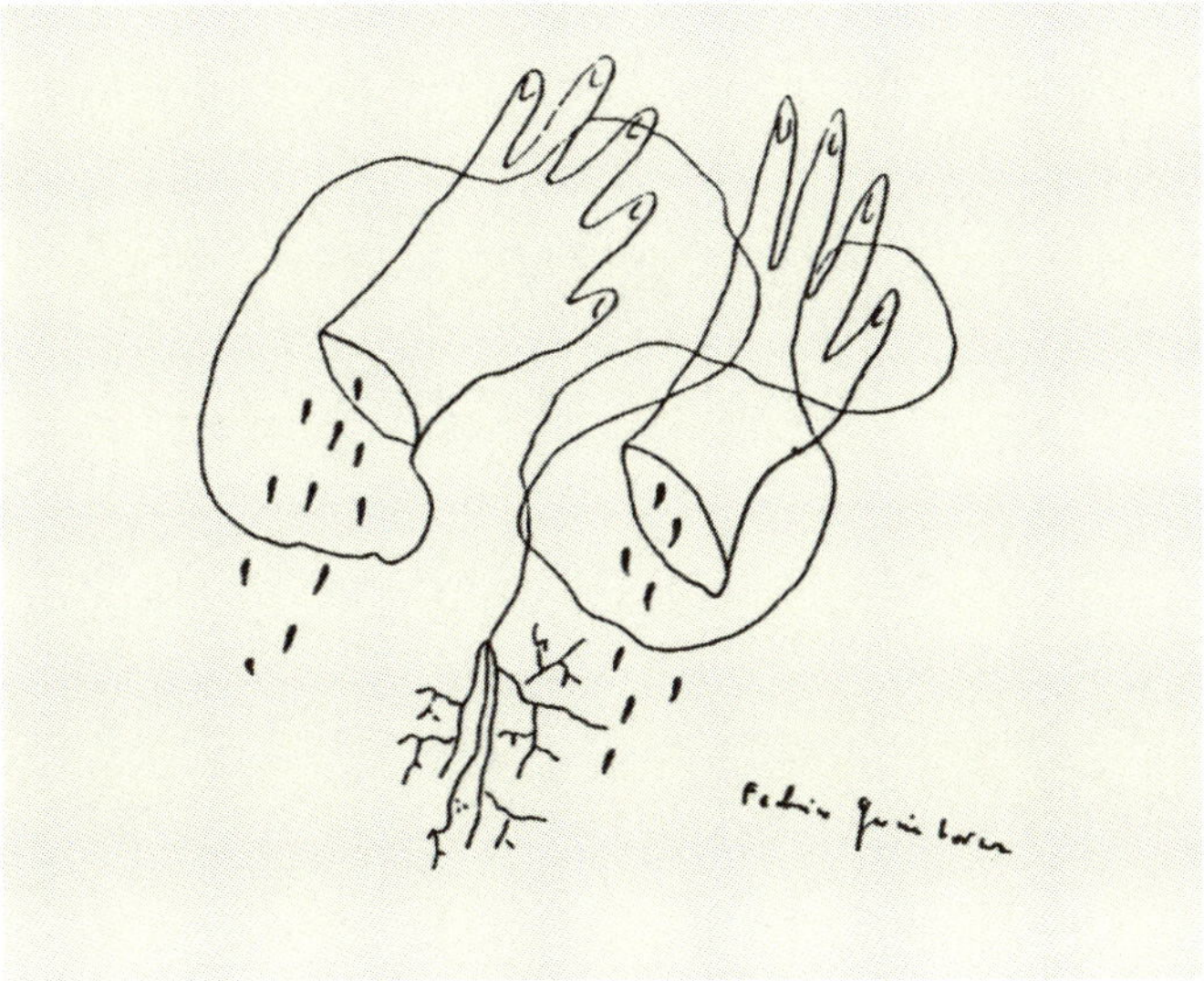

ロルカ「切断された手」（1935〜36年）
（A・サンチェス・ビダル『ブニュエル、ロルカ、ダリ――果てしなき謎』白水社、1998年より）

ていない。

だが、彼の言葉は今も何と生き生きとしているのだろう。真実の苦悩と空虚からの呼び声によってこの世に引き出され、歴史の闘牛場で惨殺された詩獣の血は、まさに歌声として、詩の中で輝き続けている。「あらゆる国々で、死は一つの終わりです。死がやって来ると、幕が引かれます。スペインでは、そうではありません。スペインでは幕が上がるのです。(…)スペインでは、死者は、世界中のどんな場所でよりも、死者としてずっと生き生きとしています」(『評伝』)。

一八七五年十二月四日、オーストリア＝ハンガリー帝国・ボヘミア地方の首府プラハのドイツ人家庭に生まれる。九歳で詩作を開始。青年期から詩の新たな境地を追い求めて欧州各地に移り住む。詩集に『新詩集』『ドゥイノの悲歌』『オルフォイスへのソネット』、評論に「ヴォルプスヴェーデ」と「ロダン論」、小説に「マルテの手記」。一九二六年十二月二十六日急性白血病のため死去。享年五十一歳。

すべては一輪の薔薇の内部に

ライナー・マリア・リルケ

生と死の根本的な転換期を生きた詩獣

ライナー・マリア・リルケは、十九世紀末から二十世紀初頭、生と死の意味が根本的に転換する時代を生きた。時代が人間に突きつけた絶望的な矛盾に苦悩しつつ、やがて心の内部から時代を乗り超える、「薔薇の純粋な矛盾」としての詩を開花させた。鋭敏な感受性の蕊で、資本主義、文化の世俗化、戦争によって滅びゆく世界の悲鳴を聴き取った。そして大量生産と道具化により生命の輝きを奪われた事物と、自分自身の死を持てなかった死者たちを、詩の言葉へ「転身」させて新たな生を与えた。

近代以降、世界と交感するゆたかな心を失った人間は、技術によって活用することでしか事物と向き合えなくなった。その結果世界の「観客」となった人間は、自分自身の生と死からも疎外される。詩作とはリルケにとって、時代と自身の宿命によってもたらされた疎外との、人知れぬ闘いだった。晩年には「世界内面空間」と「神が死してなお歌う世界」という境地に辿り着くが、それは中期の詩「薔薇の内部」でうたわれた、開花する薔薇が夏の時空全体を包むような、内面世界が外部に満ちあふれる空間を意味する。そこでは分断された人と事物、生と死が、原初の「連関」を回復し、生者と死者が共にあり、天使が行き交い、神の歌が全てをほめたたえている。人間と世界は、一輪の薔薇の内部に包まれるように、「快癒の幸福」をもたらされるのだ。

一八七五年、当時のオーストリア＝ハンガリー帝国のボヘミア地方プラハの、ドイツ人の家庭に詩獣は生まれ育つ。十九世紀末のプラハでは、少数支配階級であるドイツ人に抗い、チェコ民族の解放運動が高揚していたが、ドイツ人は変わらぬ優越意識と偏狭なドイツ主義を抱いたまま、「一種の言語と文化のゲットー」(『全集別巻』河出)を形成し孤立していた。父は退役軍人だったが、名門出で貴族文化に憧れた母は、息子を七歳まで女の子として育てた。両親は九歳の時に別居するが、かれらは息子が将来帝国軍人になることを望み、十歳の時ウィーンの士官養成学校へ送り込む。だが九歳で詩作を始めていた詩獣の繊細な資質は実学偏重の校風に合わず、十六歳で退学する(五年にわたる軍隊教育は「子供時代を襲った巨大な災厄」だったが、それゆえに幼年時代への憧れは詩のテーマともなる)。その後リンツの商科学校に入るも中途退学、やがて文学への道を自覚して二十一歳でプラハを去り、親の期待通り故郷で軍人として生きる道を捨てた。以後生涯にわたり住まいを定めることなく、詩の自由をもとめ欧州各地を移動することになる。その魂の旅はまさに、故郷の土に根を暖められ、誰の国でもない中空に枝葉を伸ばし、やがて無尽の花弁を拡げる薔薇の開花そのものだった。

開花の夏を創出するまで

故郷からミュンヘンに出た翌年（九七年）、詩獣は十四歳年上の恋人、ルー・アンドレアス・サロメに出会う。ニーチェにも熱愛されたサロメは、その知性と感性によって詩獣を深く惹きつけ、生涯芸術や宗教をめぐる対話を交わすことになる。九八年の『フィレンツェ日記』は、旅先でルーに宛てた断章であるが、そこにはすでに、古都でルネサンス芸術を観照しながら、後のテーマ「事物」「孤独」「神」「世界内面空間」の萌芽が生まれている。それらはルーへの愛と未来への憧れと共に、例えば次のように語られる。人間はもはやルネサンス期の素朴さから遠く、無限を信じられない。だからこそ「この有限の障壁のなかで無限を創造しなければならない」「われわれは、広大な、花咲く国を考えてはならない。その無限——すなわち夏——をも内部にもつ、囲まれた庭園を想い起こさなければならない」「ひとつの夏を創出すること、——われわれのなすべきはこのことである」「われわれは、夏への道を見出すために春の人間にならなければならない。そしてわれわれの告知すべきは、夏の時みちた壮麗さなのである」——。夏の薔薇のごとく、人間は（とりわけ詩人は）近代の有限の中から溢れる未来の無限を創造すべきだというこの考えは、やがて「世界内面空間」として花開く。だがそこへ至るためには、一八九九年と一九〇〇年にルー と共に行ったロシア旅行で、広大な空間の「無限」を体験をした後で、二十世紀初頭のパリの「有限」の苛酷なありさまを「見ることを学ぶ」「冬」に耐えねばならなかった。

一九〇二年、ロダン論執筆のために妻子をドイツに残しパリに移り住んだ詩獣は、まさに「死都」と言うべき近代都市の実相を目の当たりにする。「そう、では、ここに人びとがやってくるのは、生きるためなのか、だがぼくにはむしろ、死んでいくのではないかと思われるほどだ」。そこでは貧者も富者も、近代医療によって「固有の生と死」を奪われ、単なる数として死んでいく。事物も本来のあり方から疎外され、役に立たなくなればただ打ち捨てられる。このパリ体験から数年後『マルテの手記』が生まれるが、そこで剝きだしの悲惨な大量死は、前世紀の侍従の「固有の死」と比較されている。前世紀では人は生誕から自分固有の死を種子として育み、固有の生の結果として死ぬことが出来たが、今や人は「病気に所属の死を死んでいく」。この死の変化はまた、貴族文化と教養による精神形成の時代が終わり、大衆文化と拝金主義と技術優位の時代が始まったことをも意味する。詩獣は主人公マルテと共に、事物と事物と化した人間を凝視し、まさに「死の死」といえる極限的な境地にまで追いつめられる。薔薇は目だけを残し枯死する寸前となる。

花開く「世界内面空間」

一九一〇年、『マルテ』を出版社に手渡した日、詩獣は手紙にある予感を記す。「むしろ生命の内部で何かが動いているのです。魂は何かを学ぶでしょう。（略）たぶん私はこれから幾らか人間的になることができるでしょう。私の芸術はこれまで、ただ物だけに固執することをめざして成立していました」。生命の内部で動いている何か。それは孤独者のまなざしで事物や死者を、ただ悲惨さのまま受容し続けた結果もたらされた「死ぬことさえもうできない」疲弊、あるいは死さえ不可能だという「死の死」「有限の極限」から、生の無限へと向かい直したいという蘇生の意志である。一方『マルテ』執筆中親しい人々の死が相次いだことも詩獣に深い悲しみを与え、生と死の分断を凌駕する新たな生を模索させていた。一〇年初めから一四年夏の戦争勃発まで精神衰弱は癒えることはなかったが、その間エジプトやイタリアやスペインで異教の世界と開放的で霊感的な空間を体験し、少しずつ「生命の内部」が花開いていく。

一一年、イタリアのドゥイノの当時居住していた城のそばで、アドリア海から岩壁に吹きつける風の中から、詩獣は何者かの声を聴き取る。

だれが、たとえ私が叫んだとて　並み居る天使らの中よりだれが
私の声を聞いてくれよう？

（小林栄三郎訳）

声はまさに、絶望した人間たちの天使への懇願であると同時に、死者たちの詩獣への「委託」の声——「私たちを詩として蘇らせてほしい」——だった。事物と死を「凝視する」ことから、事物と死者の委託を「聴く」ことへ詩獣の生は転回したのだ。声を急いで書きとめると言葉は次々あふれ、その日のうちに一篇の詩（『ドゥイノの悲歌』の「第一の悲歌」）が書き上げられる。そして一四年に書かれた無題の詩に「世界内面空間」という言葉が現れる。

すべての存在《もの》を貫いて　ひとつの空間がひろがる、——
世界内面空間が。鳥たちは静かに
私たちを貫いて飛ぶ。おお、成長しようとする私、
その私が外部《そと》をみる、すると私の内部に　樹が育つ。

（小松原千里他訳、傍点ママ）

生と死を貫いて鳥(＝天使)が飛ぶ夏が詩獣に訪れたのだ。だが一五年から二年間の兵役体験は再び書けなくさせてしまう。戦後、一九年にはオーストリア帝国の解体に伴い無国籍となり、詩獣は完全に故郷の土を喪失する。だが、だからこそ外部の狂乱と不安に抗う唯一で絶対的な場所として、「世界内面空間」は無限の花弁を開かせていく。

「薔薇よ　おお純粋な矛盾、歓びよ」

二一年、詩獣はスイス・ヴァレー州のシエール郊外ミュゾットに館を借り受ける。翌年ここで『オルフォイスへのソネット』第一部が生まれ、生と死の連関はさらに回復された。生死をつなぐのはもはや天使ではない。死して後も竪琴を鳴らし、世界を称賛し歌によって変容させるオルフォイス＝詩人である。耳を澄ませばその歌は今もあまねく響く。戦争による深い亀裂を超えてなおそれは溢れる。詩獣は共鳴し次のように歌い出した。

すると一本の樹が立ち昇った。おお　純粋な超昇！
おお　オルフォイスが歌う！　おお　耳のなかの高い樹よ！

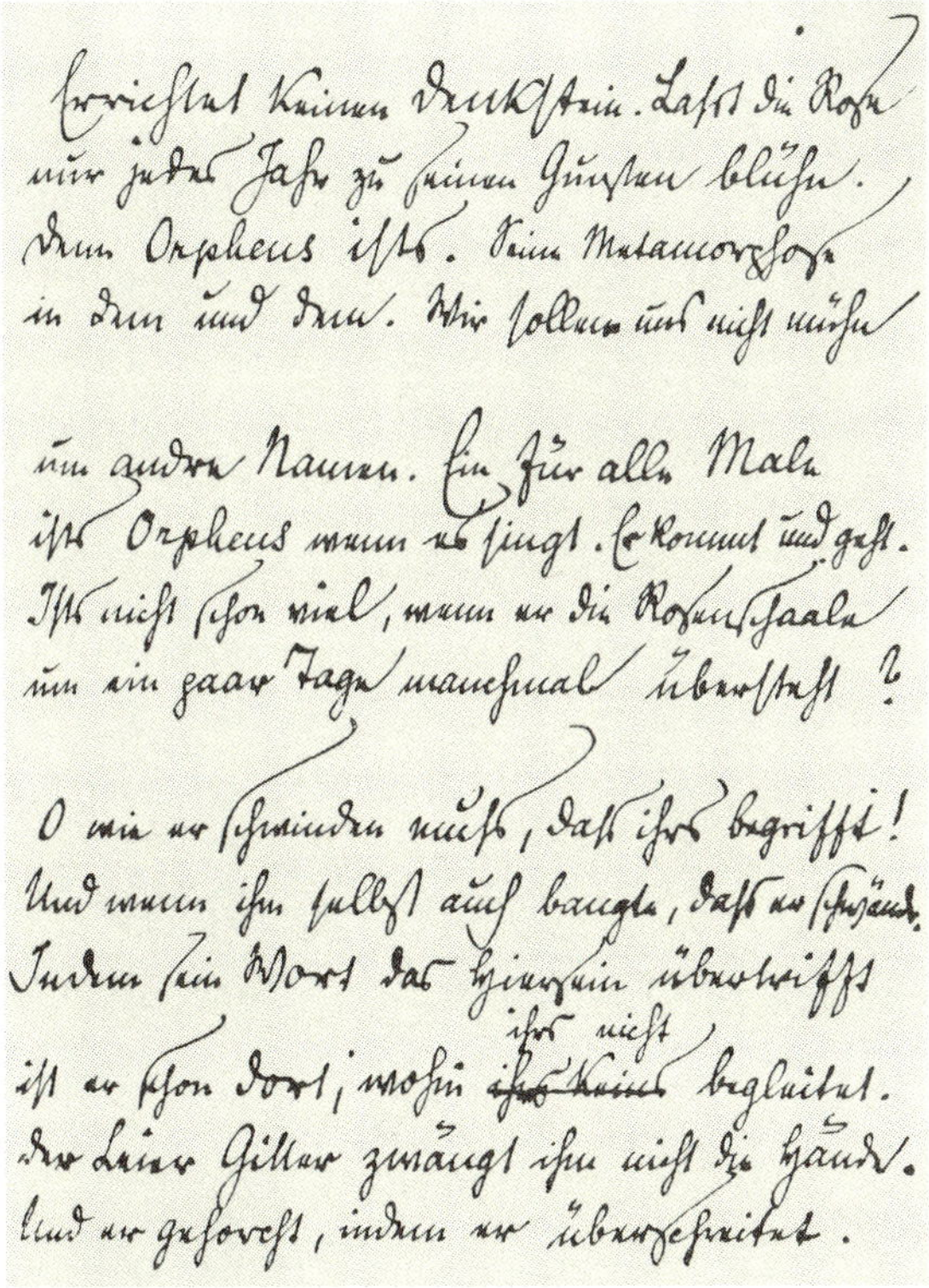
Errichtet keinen Denkstein. Laßt die Rose
nur jedes Jahr zu seinen Gunsten blühn.
Denn Orpheus ists. Seine Metamorphose
in dem und dem. Wir sollen uns nicht mühn

um andre Namen. Ein für alle Male
ists Orpheus, wenn es singt. Er kommt und geht.
Ists nicht schon viel, wenn er die Rosenschale
um ein paar Tage manchmal übersteht?

O wie er schwinden muß, daß ihrs begrifft!
Und wenn ihm selbst auch bangte, daß er schwände.
Indem sein Wort das Hiersein übertrifft

ist er schon dort, wohin ~~ihrs keiner~~ ihr nicht begleitet.
Der Leier Gitter zwängt ihm nicht die Hände.
Und er gehorcht, indem er überschreitet.

リルケ『オルフォイスへのソネット』第一部第五のソネットの自筆稿
（田口義弘『リルケ　オルフォイスへのソネット』河出書房新社、2001年より）

そしてすべては沈黙した。だが　その沈黙のなかにすら
生じたのだ、新しい開始と　合図と　変化が。

心は暗い深みから聴覚の明るさへ引き出され、古代のほめ歌に共鳴する「神殿」となる。二三年に『悲歌』と『ソネット』が出版されるが、再び激しい消耗が詩獣を襲う。急性白血病だった。二六年、訪問客のために手折ろうとした薔薇の棘による手の傷が化膿し病状が悪化した。死の直前「おお　生よ、生よ、外側に在るということ。／そして私は燃えさかる火のなかだ。だれひとりいない、私を知るものは。」と結ばれる詩を残し、生の「薔薇」を外部へと明け渡して花弁を永遠に散らした。「薔薇よ　おお　純粋な矛盾、歓びよ、／かくも多くの瞼の下で　だれのでもない／眠りであることの」という墓碑銘は今もラロンの丘の上で、詩の勝利を高らかに告げている。一輪の薔薇の「純粋な矛盾」こそが、世界と現実の矛盾に真に抗いうるものであることを。

危機をおしかえす花

石原吉郎

一九一五年十一月十一日、静岡県田方郡土肥村（現・伊豆市）に生まれる。東京外国語学校卒業後、危機神学を唱えたバルトの直弟子から受洗。応召後ハルビンの関東軍情報部に配属され、四五年シベリア抑留。五三年特赦により帰還する。戦後、八年間の抑留の記憶を昇華した詩を発表。六四年『サンチョ・パンサの帰郷』でH氏賞受賞。エッセイ集『望郷と海』。七七年十一月十四日、急性心不全により死去。享年六十二歳。

一人から一人への細い橋を信じて

石原吉郎は、戦後約八年間シベリヤに抑留され、その苛酷な期間を「事実上の失語状態」の中で生きのびた。帰国後詩と散文を書くことで極限体験と向き合っていく。「生き生きと危機に膚接」する張りつめた繊細さを持つその言葉は、人間にとって言葉とは何か、あるいは言葉にとって人間とは何かという問いかけを、魂の内奥から突きつける。日常性の次元から根源的な問題の次元へと、読む者は静かに立ち返らせられる。

一九五三年石原が帰還した国は、もはや八年間「望郷」し「怨郷」し「忘郷」した祖国ではなかった。それはすでに「民主主義国家」に生まれ変わっていた。だが詩獣が目の当たりにしたのは、抑留者も戦死者も忘れ、むしろラーゲリと本質的には何も違わないエゴイズムに身を任せた社会と人の心のありさまだった。詩獣は「シベリヤ帰り」として就職差別を受け、また「アカ」扱いした親族と絶縁した。「人を押しのけなければ生きて行けない世界から、まったく同じ世界へ帰って来たことに気づいたとき、私の価値感が一挙にささえをうしなった」(『全集Ⅱ』、以下同)。虚無感と絶望の中で詩獣は「すがりつくように」詩を書き続ける。詩という「ひとすじの呼びかけに、自分自身のすべての望みを」託して。詩の呼びかけという「一人の人間が、一人の人間にかける、細い橋のようなもの」を、「心から信じて」。

三十八歳で始まった詩作

一九一五（大正四）年、静岡県田方郡土肥村（現在伊豆市土肥町）に生まれる。実母は三歳時に病没。生来の内向性のため継母になじめず、さらに父の仕事の関係で繰り返された転居が「孤独で劣等感の強い少年に仕立て上げた」（多田茂治）。一八（昭和三）年父は軍人に不向きな息子を、かつて海軍の将校養成学校だった攻玉社中学に進学させる。だが「大正デモクラシーの時代を経て、かなり自由な校風に変わっていた」（多田）同校で詩獣は詩に目覚める。卒業後東京外国語学校入学。「戦争前夜の不気味な真空状態のなかで」、マルクス主義文献を読みあさりエスペラントサークルを組織し、北条民雄の『いのちの初夜』に衝撃を受ける。三八年卒業後、大阪ガス入社。兵役を前にした切迫感からカール・バルトの『ロマ書』を読みその「危機神学」に触発され、バルトの直弟子から受洗。翌三九年神学校への進学を決意し上京するが、受験する間もなく召集され、翌四〇年歩兵隊入隊。その後すぐに対ソ情報要員を育成する大阪露語教育隊へ分遣を命じられ、そこで鹿野武一（後述）と出会う。四一年鹿野と共にハルビンの関東軍情報部の特務機関配属、四五年抑留。四九年に戦犯として重労働二十五年の判決を受ける。バム鉄道での強制労働を含む約八年間の苛酷な抑留生活の後、五三年スターリンの死による特赦で帰国する。帰国直後舞鶴の引揚者収容所で立原道造を読み、日本語との「まぶしい再会」を果たす。その直後から三十八歳で詩を書き始める。やがて雑誌に投稿を始めると、研ぎ澄まされたその言葉は「詩以外のなにものでもない」と絶賛される（畑谷史代）。六三年の第一詩集『サンチョ・パンサの帰郷』でH氏賞受賞。大学紛争の頃には若者の間で石原ブームが起こる。七二年に刊行したエッセイ集『望郷と海』は知名度を一気に高め、連帯の中の孤独に悩む若者たちによって「カリスマ視」されるが、七七年に没し八〇年代に入ると、時代の変化の中でその詩は急速に忘却されていった。

帰国後に始まったシベリヤ体験

「真に体験の名に値する体験とは、外側の体験をはるかに遠ざかった時点で、初めてその内的な問い直しとして始まると私は考えている。したがって私に、本当の意味でのシベリヤ体験がはじまるのは、帰国したのちのことである」。詩獣にとって書くことはシベリヤでの失語状態を、現在の自身を問う中で見つめる作業だった。帰国後十五年経って書き出したエッセイは、再び抑留の日々を生きるという苦痛を強いる。だが一方、帰国直後から書き出した詩では「最終的に自分自身をかくしぬこうという姿勢」を保つことが出来た。むしろ、言葉が思いがけない美しさで苛酷な体験を照らし出す救済にも似た瞬間に恵まれた。シベリヤでの地獄の光景は、詩的リズムも伴い本質的なものへ研ぎ澄まされ、詩のイメージへ見事に昇華された。例えば護送列車の詩――

なんという駅を出発して来たのか
もう誰もおぼえていない
ただ　いつも右側は真昼で
左側は真夜中のふしぎな国を
汽車ははしりつづけている
駅に着くごとに　かならず
赤いランプが窓をのぞき
よごれた義足やぼろ靴といっしょに
まっ黒なかたまりが

投げこまれる
そいつはみんな生きており
汽車が走っているときでも
みんなずっと生きているのだが
それでいて汽車のなかは
どこでも屍臭がたちこめている

あるいは錯乱して走り出した囚人が射殺される場面——

そのとき　銃声がきこえ
日まわりはふりかえって
われらを見た
ふりあげた鈍器の下のような
不敵な静寂のなかで
あまりに唐突に

（「葬式列車」冒頭部分）

世界が深くなったのだ
見たものは　見たといえ
われらがうずくまる
まぎれもないそのあいだから
火のような足あとが南へ奔《はし》り
力つきたところに
すでに他の男が立っている
あざやかな悔恨のような
ザバイカルの八月の砂地

（「脱走――一九五〇年ザバイカルの徒刑地で」冒頭部分）

そしてサンチョ・パンサのラ・マンチャへの帰郷に喩えられた帰国《ダモイ》の安堵と疲労――

安堵の灯を無数につみかさねて
夜が故郷をむかえる
みよ　すべての戸口にあらわれて

声をのむすべての寡婦
驢馬よ　権威を地におろせ
おとこよ
その毛皮に時刻を書きしるせ
私の権威は狂気の距離へ没し
なんじの権威は
安堵の故郷へ漂着する
驢馬よ　とおく怠惰の未明へ蹄をかえせ

（「サンチョ・パンサの帰郷」冒頭部分）

「告発しない」姿勢を教えた友人

「私は告発しない。ただ自分の〈位置〉に立つ」。それが詩を書く詩獣の姿勢だった。「〈みずからに禁じた一行〉とは、告発の一行である。その一行を切りおとすことによって、私は詩の一行を獲得した。その一行をきりおとすことによって、私の詩はつねに断定に終わることになった。

いわば告発の一歩手前へふみとどまることによって、断定を獲得したのである」。このような「告発しない」姿勢を詩獣に教えたのは、前述の友人鹿野武一である。ラーゲリでの凄まじい生存競争の中で、この「明確なペシミスト」は、人としての尊厳と自由を手放さなかった。作業場への行き帰りの五列隊列では、つねに進んで監視兵に撃たれる危険のある一番外の列を選んだ。また「人間的に話そう」(=「情報提供しろ」)と切り出した取調官には、「もしあなたが人間であるなら、私は人間ではない。もし私が人間であるなら、あなたは人間ではない」(傍点ママ)と答えた。鹿野はそのように、被害者としての集団の敵意や保身のエゴイズムから離れ、一人の深い悲しみと倫理に身を置き行動した。戦後直後急死するこの単独者の存在は、詩獣にとって「ひとつの象徴」と化し、戦後の詩作と思索を支えていく。

危機をおしかえす花

しかし勿論告発への思いは存在した。むしろつよく根源的に。自分たちを戦争に巻き込んだ果てに棄民したかつての日本と、戦争責任を果たし帰還した者を犯罪者とみなし、排除した「民主主義国家」というもう一つのラーゲリに対して。だがだからこそ詩獣は告発を自らにかたく禁じた。シベリヤのアンガラ河畔で「猿のようにすわりこんでいた位置」を守り、「沈黙した怒り」を「深淵のような悲しみ」へ深めるために。その孤独の深淵からすぐれた詩が生まれた。ひそかに、しかし絶対的に外部をおしかえして咲く、一輪の花の「宣言」として。

花であることでしか
拮抗できない外部というものが
なければならぬ
花へおしかぶさる重みを
花のかたちのまま
おしかえす
そのとき花であることは
もはや　ひとつの宣言である
ひとつの花でしか
ありえぬ日々をこえて
花でしかついにありえぬために

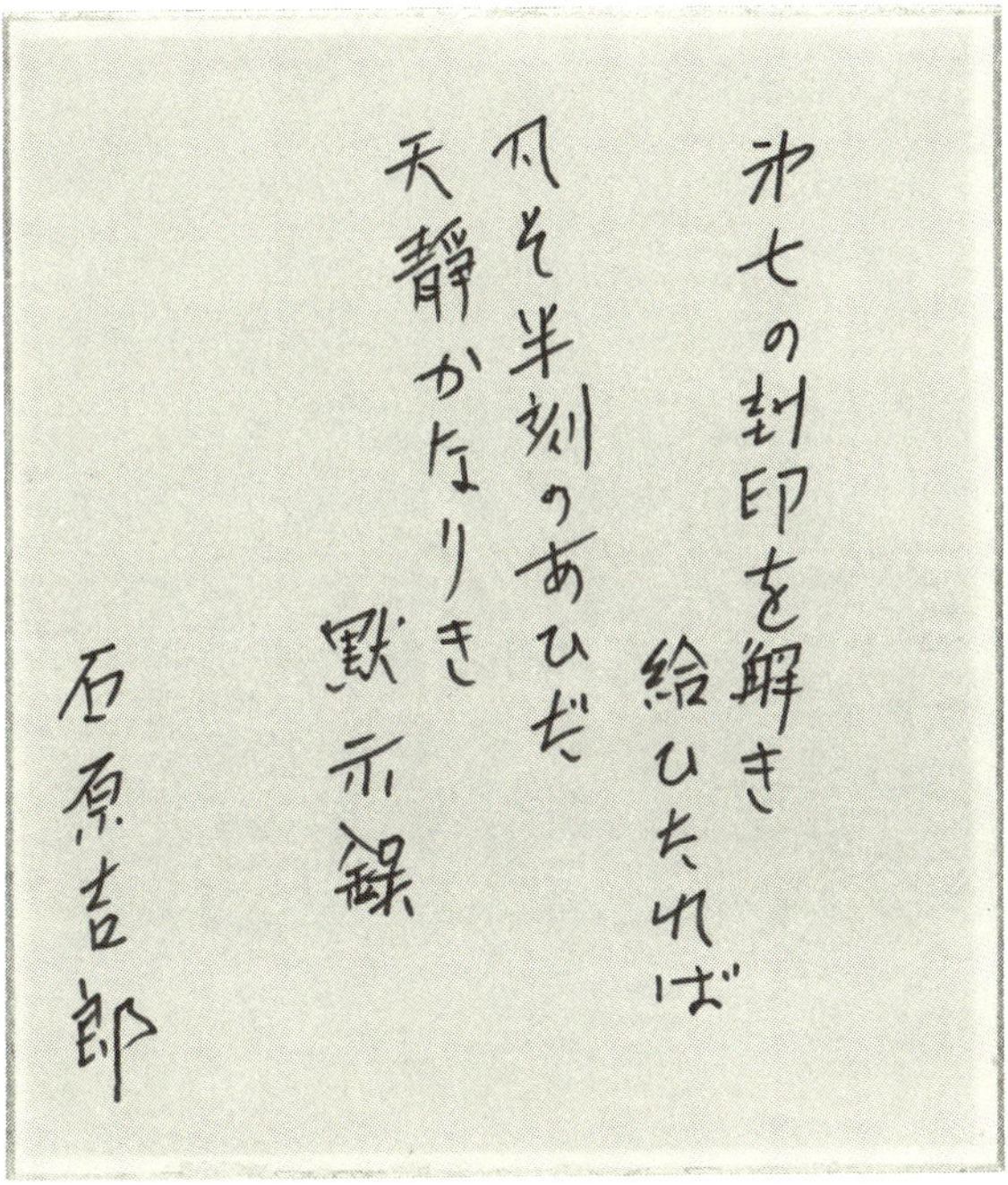

石原吉郎の色紙
（著者蔵）

花の周辺は適確にめざめ
花の輪郭は
鋼鉄のようでなければならぬ

（「花であること」全文）

この「花」を「詩」と読み替えれば次のようになる。花のように無力な詩は単独者の「位置」を離れない。そこで「膨大な死者の重量」と自分は「生きのびている」という事実の重みを受け止めていく。言葉でしかついにありえぬ言葉は、鋼《はがね》の輪郭をはりつめさせ、花のかたちのまま「重み」をおしかえす。その時「重み」は「真の重み」へと変貌し、世界はより真実なものへと変わっていく――。詩獣は詩にそのようなひとすじの希望をつないだのだ。

一方エッセイを書くことは、詩よりも肉薄してシベリヤを再び生きることだった。その苛酷な体験の再来は、詩獣に底知れぬ苦しみと疲労をもたらしていく。七七年、「もう書くことがなくなった」という疲労の果て、自宅で入浴中に急性心不全で亡くなる。焼場では、六十二歳の骨にしてはずいぶん傷んでいると驚かれたという。骨には「位置」を守り死者の「重み」を背負った、驢馬の労苦と悲しみが滲んでいたのだ。だが詩は「位置」に立ち続ける。鋼の輪郭に危機を鋭敏に受け止め、花のかたちのまま今もつよく美しくおしかえしている。

蛇の口から光を奪へ！

立原道造

一九一四年七月三十日、東京市日本橋区橘町（現・中央区東日本橋）に生まれる。十歳の頃から詩作を始め、口語短歌を経て、東京帝国大学工学部建築学科二年からソネットを創作。第二次『四季』に創刊から参加。大学在学中に辰野賞を三度受賞し、建築家としても将来を嘱望される。詩集『萱草に寄す』『暁と夕の詩』。物語、パステル画、スケッチ、建築設計図も残す。三九年三月二十九日、結核のため死去。享年二十四歳。

光を求めて戦った孤独者

立原道造は、一九一四（大正三）年に生まれ三九（昭和十四）年に没した。第一次、第二次大戦の勃発年に挟まれる二十四歳八カ月の生涯を、ただ詩のために燃焼させた。すべての光を吹き消そうと迫る時代の「蛇の口」に抗い、みずからの生のふるえる光を発露させながら。それは何らかの思想や情念によってではない。ただ「風」や「花」や「光」といった自然の事物を指す単純な名詞や、「美しい」「さびしい」といった平易な感情の形容詞で、詩を「うた」として解き放つことによってである。その口語体のソネットはどこか技巧的で間接的な印象もある。だがたしかに読む者の心を不思議にかきみだす。それは感情を流露のままうたいあげるのでなく、淡い抒情を繊細な技巧の天秤に乗せて静かに呟くようにうたうのだ。一方手紙と散文では、「傷ついた小さい獣」の苦悩と痛みを赤裸々に綴った。どちらも時代の暴風雨の中で、魂をあげて言葉のランプをかざし、一縷の光を求めた孤独者のすぐれた戦いの記録である。

詩獣は、江戸情緒が残る商業地区（現中央区日本橋）に、商品発送用の木箱製造業を営む裕福な家の次男（長男没後は実質長男）として生まれる。五歳で父が病没、十五歳の時に家業を弟に譲り、将来は自由な選択が許されることになる。九歳時に関東大震災で自宅を焼失（この時の恐怖が、後に信濃追分で遭遇する旅館の火事が引き起こす「神経系統の病」の素地となる）。十歳の頃から避暑の体験をもとに詩や物語やパステル画の制作を開始。この時の、微妙で無限の色彩と言葉の音楽性に身を任せ、現実を超えた世界に自由に遊んだ孤独の記憶は、詩獣が傾倒したリルケにとっての幼年期同様、失われたがゆえに永遠化された魂の「ふるさと」となる。十三歳時、芥川龍之介の自死に強い衝撃を受け、十四歳で白秋や啄木に影響を受け短歌を作り出す。初期は文語定型短歌だが、やがて口語自由短歌へ移行する。その歌は「クレオン画の飛行船に乗つて、お魚みたいに時間が流れる！」「すきなもの、夜の青空——遠くから小馬に乗つて夢が来る！」といった歌から感じられるように古臭い短歌的抒情が一切なく、モダニズムと童話性のあいまった、現在でも十二分に鋭敏な詩的感覚からうたわれている。つまり出発点においてすでに、詩獣は「近代詩人」ではなく「現代詩人」だったのである。このような自由で斬新な口語の歌が現代詩へ展開していくのは必然である。

根源的な故郷喪失感情

なぜすでに戦前において斬新な「現代詩」を作ることが可能だったか。その理由は、詩獣が、言語を現実から自立するものとしてとらえ、言葉の美しさが自然美にまさることを自覚していたからだ。そのモダンな美意識は、一方で将来を嘱望された建築家だった詩獣の考案した建築物にも見てとれる。そこには、インターナショナルな機能主義と日本の古典美学との融合した美しさがある。またその独特の美意識は、詩獣が影響を受けた「四季派」の他の詩人や「日本浪曼派」の美意識ともことなる。かれらの美意識の中心にある抒情が、自然や日本の伝統という「実質的な故郷」の喪失を嘆くものだったのに対し、詩獣の「故郷」とは、そもそも「持たずして失ったもの」なのだ。あらかじめ喪失したものを喪失しているという「感覚的な素質の欠乏」が、思春期から詩獣を苛みつつ詩作へと向かわせた。その「欠乏」には東京に生まれ育ったことも関わる。いずれにしても具体的な故郷を超え、〝存在の故郷〟を喪失しているというその根源的な喪失感情は、二十世紀前半のヨーロッパの新しい哲学や文学と遥かに共鳴するものだった。逆説的にもその世界大の空虚感ゆえに、明治期以降日本の精神風土をむしばんでいた喪失感情から、詩獣は自由であることが出来た。

恋愛と軽井沢という「ふるさと」

詩獣は〝存在の故郷〟を求めてやまなかった。それは一体どのような時空だったか。「ふるさといふものが僕に普通の言葉では失はれてゐるのですが、あのまなざしはきつと、どんなさすらひの日にも、僕の心をやさしく慰めずにはいないでせう」と、三七年二十二歳の時友人への手紙に書いている。「あのまなざし」の主は、かつて思いを寄せた友人の妹である。また詩獣は当時軽井沢を幾度となく訪れていた。三四年に堀辰雄を追って訪れ、彼地の日本離れした牧歌的な風景につよく惹かれたのである。そこで室生犀星と出会い、いくつもの恋も生まれる。だが女性たちは知り合ってすぐに結婚してしまう。詩獣が「エリザベート」とドイツ語読みの名で呼んだ彼女たちは、まさに「あらかじめ失われた恋人」（リルケ）であり、人格的存在というよりそのまなざしに根源的な故郷を感じさせる聖なる存在だった。詩獣はみずからの恋を、騎士の愛、あるいは軽井沢に来てから耽読し始めた新古今集の「忍ぶる恋」になぞらえていく。はかない夏花のような恋愛と、その舞台となる「日本の中の『西洋』」と言われる、繊細な光に満たされた軽井沢は重なり合い、夏に現れ秋の訪れと共に消える、はかなくもなつかしい〝存在の故郷〟となった。それはつかのまの虚構の時空だったからこそ、やがてソネット（十四行詩）というあたらしい「うた」の響く「ふるさと」となりえたのである。

忘却の主体としての〝浪漫びと〟

十七歳の時堀辰雄に出会った詩獣は、東京帝国大学工学部建築学科に入学した三四年、第二次『四季』創刊に参加する。同誌の影響の下、翌三五年初夏に本格的にソネットを作り始める。そして避暑地の自然と新古今集とドイツ文学の世界を重ね合わせた虚構の時空で、抑制されたよろこびとかなしみをうたっていくが、西欧の抒情詩の形式であるソネットで日本語の詩を作り、あらかじめ失われた「ふるさと」をうたう、というのはどのようなことだったか。

夢はいつもかへつて行つた　山の麓のさびしい村に
水引草に風が立ち
草ひばりのうたひやまない

しづまりかへつた午さがりの林道を
うららかに青い空には陽がてり　火山は眠つてゐた
——そして私は
見て来たものを　島々を　波を　岬を　日光月光を
だれもきいてゐないと知りながら　語りつづけた……

夢は　そのさきには　もうゆかない
なにもかも　忘れ果てようとおもひ
忘れつくしたことさへ　忘れてしまつたときには

（「のちのおもひに」第一連から第三連）

「忘れつくしたことさへ　忘れてしまつたときには」の一行は恐らく、リルケの「追憶が多くなれば、次にはそれを忘却することができねばならぬだろう。そして、再び思い出が帰るのを待つ大きな忍耐がいるのだ」（「マルテの手記」大山定一訳）という一節と共鳴する。この詩の「私」は忘却の主体であり、記憶と「悔い」（これは詩獣が最も忌避した感情である）の主体である近代的自我とは対照的な主体である。それは、忘却の果てに現れる絶対的空虚としての「ふるさと」に溶け込もうとする、いわば〝浪漫びと〟であり、満州事変からアジア太平洋戦争へと向かう時代のさなかに、孤絶を選びとった詩獣の「私」のあり方だった。

光を求める旅の果てに

大学卒業後詩獣は設計事務所に勤める。一方で夏には変わらず軽井沢の叢でうたい、日頃は夜屋根裏部屋のランプの下で書き続ける。三七年五月に『萱草に寄す』、十二月に『暁と夕の詩』と立て続けに詩集を自費出版する。だがその〝浪漫びと〟の生に大きな危機が訪れる。これまでの自分の詩が「美しいいつはりの花」ではなかったか、という自己否定の感情が生まれたのである。「僕は　何かほんとうに　まとまつた力強い言葉が欲しい　僕の考へてゐることの正しさがすべての人に伝へられるほどに！　花の哀しみをうたふときとおなじいたはりで」。危機感は、空虚と忘却の主体に対する疑いさえ引き起こしていく。生と詩の危機の中で詩獣は「日本浪曼派」に接近する。国粋主義的な思想に共鳴したのではない。「頭のからまはりや心臓のひからびてしまつた歌はみな捨ててしまひたいと思ひます。ぎりぎりの美しさ、それなしには人間の生きてら

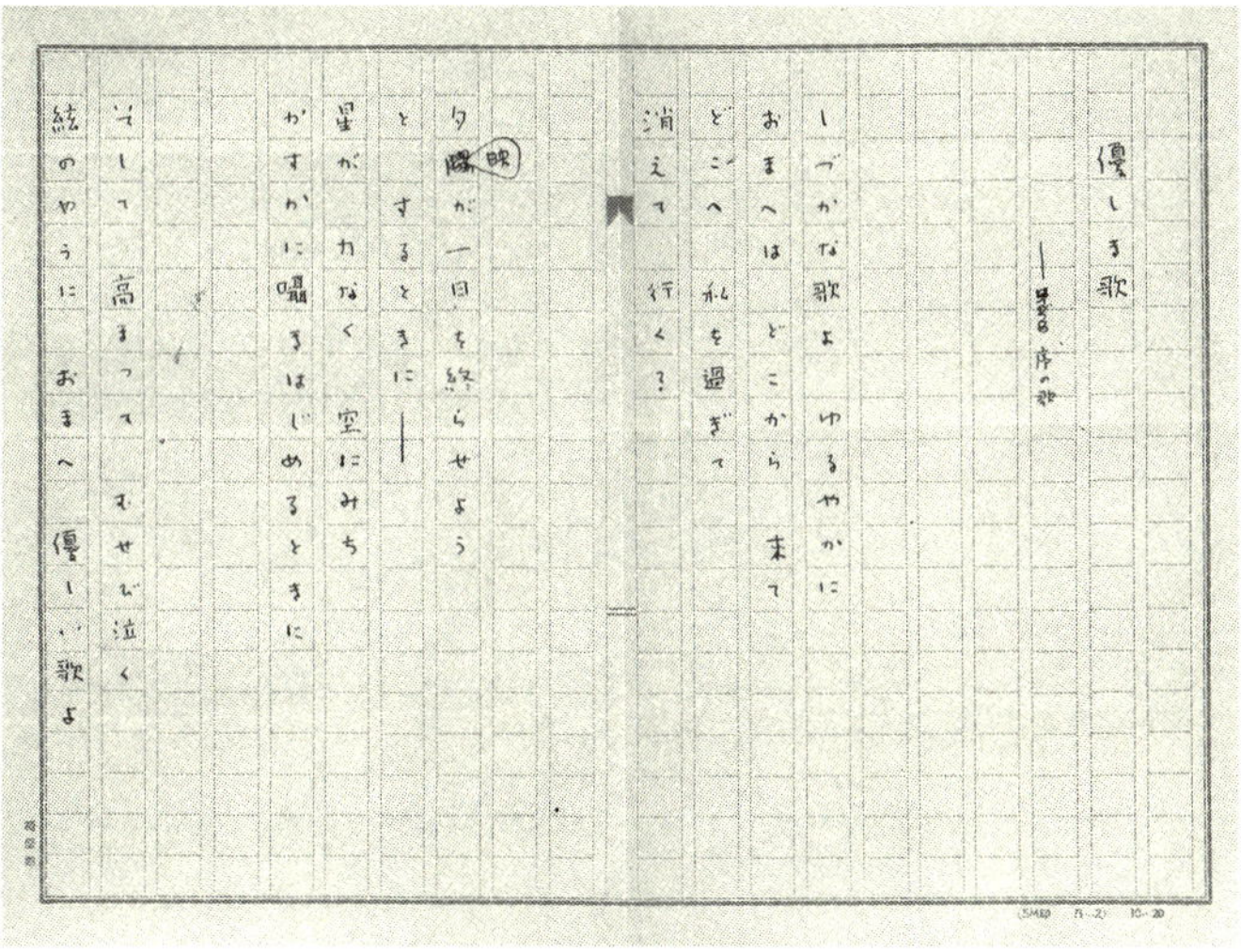
優しき歌
——序の歌

しづかな歌よ　ゆるやかに
おまへは　どこから　来て
どこへ　私を過ぎて
消えて　行く？

夕映が一日を終らせよう
とするときに——
星が　力なく　空にみち
かすかに囁きはじめるときに

そして　高まって　むせび泣く
絃のやうに　おまへ　優しい歌よ

立原道造「優しき歌——序の歌」定稿（1938年8〜9月頃）
（『「優しき歌」の世界——立原道造と水戸部アサイ』立原道造記念館、1999年より）

れない美しさでうたひたいと思ひます」というほど切実に、そして性急に「うた」の変革を求めてのことだ。だが危機のさなか、不治の病に侵されていることが判る。

三八年、死の予感に貫かれた詩獣は蘇生を強く願い、新しい光を求める旅に出る。六月建築事務所の同僚だった水戸部アサイに求婚するが、七月に喀血し肺尖カタルと診断された直後、休職を願い出る。やがて新しく生まれ変わる決意で、病を押して九月に盛岡へ、十二月には長崎へ向かう。長い旅のさなか初めて出会う風景と人の営みに触発されながら、ノートと手紙に生きることのよろこびとかなしみを珠玉の言葉で綴っていく。それらの言葉から見えてくるのは、詩獣の魂が大きな転身を遂げていく過程である。だが長崎に着いた直後激しく喀血する。帰京して入院し、翌三九年三月二十九日病状が急変、光を求め続けた詩獣の命に永遠の闇が訪れた。

最後の手紙で詩獣は書いている。「のりこえのりこえして生はいつも壁のやうな崖に出てしまふ　ふりかへると白や紫の花が美しく溢れてゐるのだが　僕は　すべてを投げ出して　辛うじてすこしづつ前へ進んでゐる》光を奪へ！《」「光を奪へ！」とは、詩獣の愛したハンス・カロッサの言葉「蛇の口から光を奪へ！」だ。遺された詩獣の言葉はまさにそのように、危機に抗い真実を生きよ、と今もうたいかけている。

白鳥の歌

シャルル・ボードレール

一八二一年四月九日、パリに生まれる。生涯の大半をパリで過ごし、都市生活から詩の着想を得る。成人後実父の遺産を継ぎ、自由奔放な生活を謳歌するが、多額の浪費により準禁治産者に認定される。エドガー・アラン・ポーを仏に紹介。無政府主義に惹かれ二月革命に参加。生前唯一の詩集『悪の華』を出版するも、風俗壊乱の罪で一部削除と罰金刑。六七年八月三十一日、梅毒の症状悪化により死去。享年四十六歳。

パリの側溝でうたう白鳥

そこにいつぞや、動物の見世物小屋が掛かっていた。
そこに私は見たのだ、ある朝、つめたく明るい
窓の下で、〈労働〉が目を覚まし、道路清掃の車が
沈黙した空気の中に、陰鬱な旋風を起こす時刻、

檻から逃げ出して来た一羽の白鳥が、
水かきのついた足で、乾いた敷石をこすりながら、
でこぼこの地面の上に白い羽衣を引き摺ってゆく姿を。

（阿部良雄訳）

一八五九年、亡命中のユゴーに宛てた手紙に、ボードレールが添えた詩「白鳥」の一節である。当時ナポレオン三世による第二帝政が始まり、近代都市として大きく変貌を遂げていたパリ。その片隅で白鳥は水を求め彷徨う。オスマンの大改造によって上下水道が整備された街の、水のな

い側溝の埃に翼を浴《ゆあ》みさせつつ、「心は故郷《ふるさと》の美しい湖に満たされて」青空をふり仰ぎ呟く。「水よ、いつお前は雨と降るのだ？　いつ轟くのだ、雷よ？」神への呪詛と世俗への怒り、天からも地からも押しつぶされるような憂愁と苦痛。ボードレールは、時代と生来の気質からもたらされた闇の中で、暗くも美しい詩を書き続けた。産業革命以後台頭したブルジョアジーの世俗的価値観に抗い、深淵からうたった。人間と時代と都市の砂漠を、「象徴の森」としてざわめかせる白鳥の歌を。

「故郷の美しい湖」からパリの街路へ

ナポレオンが死んだ一八二一年に詩獣は生まれた。元聖職者の父は六十二歳、母は二十八歳。「フランスの詩人にはめずらしくパリ生まれ」である詩獣は、生涯の大半をパリで過ごし、殆どの作品の着想を都市生活から得る。二七年に父が亡くなるまで、ルイ十六世様式の古い調度品に囲まれた家で、恵まれた幼年時代を過ごす。父の死後二年間ブローニュの森近くで母子二人で過ごした避暑生活は、詩獣にとって唯一の「幸福な時」であり、その記憶は終生「故郷の美しい湖」となった。だが母は二八年陸軍少佐と再婚。三二年義父のリヨン転任に伴い、軍国主義的な王立中学に寄宿生として入学。ここで施された「残酷な教育」を強いた義父に対し、詩獣は生涯にわたり憎しみを抱く。だが学校生活では反撥と孤独感を覚えながらも、「人生に対する、快楽に対する、非常に強い嗜好」をおのずと密かに育くんでいった（河盛好蔵）。

三六年義父はパリに転任。五年ぶりに見る七月王政下の首都は大きく変貌していた。凱旋門、ノートルダム大寺院が完成し、ヴァンドーム広場の記念柱の頂きは、ナポレオン像から王政復古の象徴である百合の花に変わっていた。その一方目抜き通りにはガス灯が普及し歩道が作られ、ガラス屋根のアーケードも出現し、ブルジョアジーの社会は繁栄を極めていた。名門中学に入った詩獣は詩作を始めるが、三九年「つまらない悪戯のため」（『ボードレール全集』）退学処分。同年バカロレアに合格し法律学校に進み、学寮で多くの文学仲間と知り合う。やがて両親が望む外交官への道を捨て詩への情熱を燃やし始め、バルザックやネルヴァルとも交流、さらに「やぶ睨みのサラ」というユダヤ人娼婦に夢中になる。その放蕩ぶりに恐れをなした母は四一年、カルカッタ行きの汽船に詩獣を乗せる。だが途中で下船してパリに戻り、翌四二年成年に達して実父の遺産を相続すると、家族の束縛と世俗の抑圧から逃れ、パリの片隅で詩獣として自由を思うがまま享受し始める。

ダンディスムと革命

　こうして詩獣のダンディスム（「ダンディ」は十九世紀初頭のイギリス上流社会の「伊達男」）の時代が始まる。詩獣にとってダンディスムとは、言論弾圧が厳しさを増す一方ダンスホールが次々開設されるというように、野蛮と虚偽のあいまった俗世間に抗う超俗の方途だった。金銭を軽蔑するかのように絵画を次々購入し膨らむ負債、世俗の掟に挑むかのような褐色の肌のジャンヌとの情交、飲酒とハシシュと阿片、そして梅毒の感染――ダンディであるためには破滅さえいとわなかった。あるいはむしろ破滅を望んだ。そして「なにゆえに詩人は、糖菓作りの職人であると同時に毒薬調合者、奇蹟や見世物のために蛇を育てる者、自らの飼う爬虫類に惚れこんで、蛇たちのとぐろの冷やりした愛撫と群衆の恐怖とを同時に享楽する、蛇使いであってはならないだろうか？」（阿部良雄『シャルル・ボードレール』）というように、瀆神的な冷たさと不吉さを湛えた美的感覚を至上のものとして追い求めた。

　四四年両親はついに法定後見人を付ける。以後詩獣は生活費のみを支給され、負債の利息払いに生涯苦しめられる。まさに飛ぶことへの果てしない欲望がありながら、あるいはそれゆえに羽を切られた白鳥である。評論を書く計画を打ち明けた直後に、詩獣は信じていた母に裏切られたのである。「大きな苦痛と怖ろしい屈辱」に耐えかねた詩獣は、翌四五年自殺を試みる。遺書には家族への怨嗟と自己矜持が満ちる。「私は他人たちにとって無用であり――かつ自分自身に対して危険であるゆえに、自分を殺します。私は自らを不死であると信じるゆえに、私は希望を持つゆえに、自らを殺します」(『全集』傍点ママ、以下同)。唯一愛したジャンヌに遺産全てを与えるとも記した。そして胸をナイフで突くがかすり傷に終わる。この未遂騒ぎは、母の愛を取り戻すための演技でもあり、ダンディスムを極限的な形で演出する危険な芝居でもあった。

しかし自殺未遂後も詩獣の反抗は止まらなかった。踊り子たちと重ねられる情交、風変わりな黒い燕尾服姿、文学的ボエームたちとの狂宴――だが放蕩のさなかも詩獣はつねに「現代性とは何か」を模索していた。そして「美の最新の表現」(トロワイヤ)であるロマン主義の体現者であるドラクロワや、二月革命前夜、背徳と残酷さと形式の完璧さで詩獣を魅了したエドガー・アラン・ポーに熱狂する。一方世間ではフランス革命を懐古する者が増え、大ブルジョアジーと結託する王政への批判が高まり、詩獣もカフェでの議論に感化されていく。自身も財産を管理され貧困の苦しみを体験していた詩獣は、無政府主義者たちの破壊のエネルギーに惹かれたのだ。だがダンディにとって民主主義はあくまで「芸術の敵」である。四八年二月二十四日、赤いネクタイを巻き銃を手に叛徒の群れに加わるが、手に火薬の匂いをさせつつ、友人に「だがこりゃ共和国のためにやったわけじゃないがね」（トロワイヤ）とうそぶきもした。「一八四八年における私の陶酔。この陶酔はいかなる性質のものであったか。復讐への愛好。破壊することの自然な悦び。文学的陶酔、読書の思い出」（『全集』）と後に記すように、詩獣の革命参加はただ文学的陶酔のためだったのであり、さらに陶酔のさなかに、将軍だった義父への復讐と膨大な負債のご破算さえ夢想したのである。

『悪の華』、訴訟、白鳥の死

四八年十二月、ルイ・ナポレオンが大統領に選ばれ革命は失敗する。平等主義にはそもそも反対だったダンディの革命熱もいつしか冷めていた。世間では再びダンスや晩餐会が始まり、コレラが流行し大勢の死者を出しながら産業博覧会も開かれる。革命前以上に深まっていく憂鬱と倦怠の闇を燃やすように、詩獣は数年前から計画していた詩集上梓へ情熱を傾ける。五二年、その三年前に亡くなったもう一人の詩獣ポーへのオマージュを書く。そこでポーについて書きながら詩獣自身の生をも擁護し賞賛した。自己へのオマージュはやがて詩的に昇華され、『悪の華』の戦慄すべき巻頭詩「祝福」が誕生する。

弥高《いやたか》い天なる力の、特に命ずるところによって、
〈詩人〉が、倦怠《アンニュイ》に悩むこの世に現れ出る時、
その母親は、おそれおののき、冒瀆《ののしり》を胸に湛えて、
拳《こぶし》をわなわなと震わせる、憐れみ給う神に向かって。

――「ああ！　なにゆえ蝮《まむし》のひと塊りを産み落とさなかったのでしょう、
こんなおかしな笑いものを育てるほどなら！
私の腹が、この身の贖《あがな》いの種を宿した、
はかない快楽《けらく》の夜こそは、呪われてあれ！」

（冒頭部分、同前）

この詩は家族と俗衆を呪い、まさに白鳥として抗い生きることの宣言である。塵埃にまみれるがゆえに純白に輝く白鳥――やがて「原初の光線の神聖な源に汲まれた／純粋な光」（最終連）で作られた王冠を神から授けられることを信じ、深淵からふるえる頸をのばして詩獣はうたった。

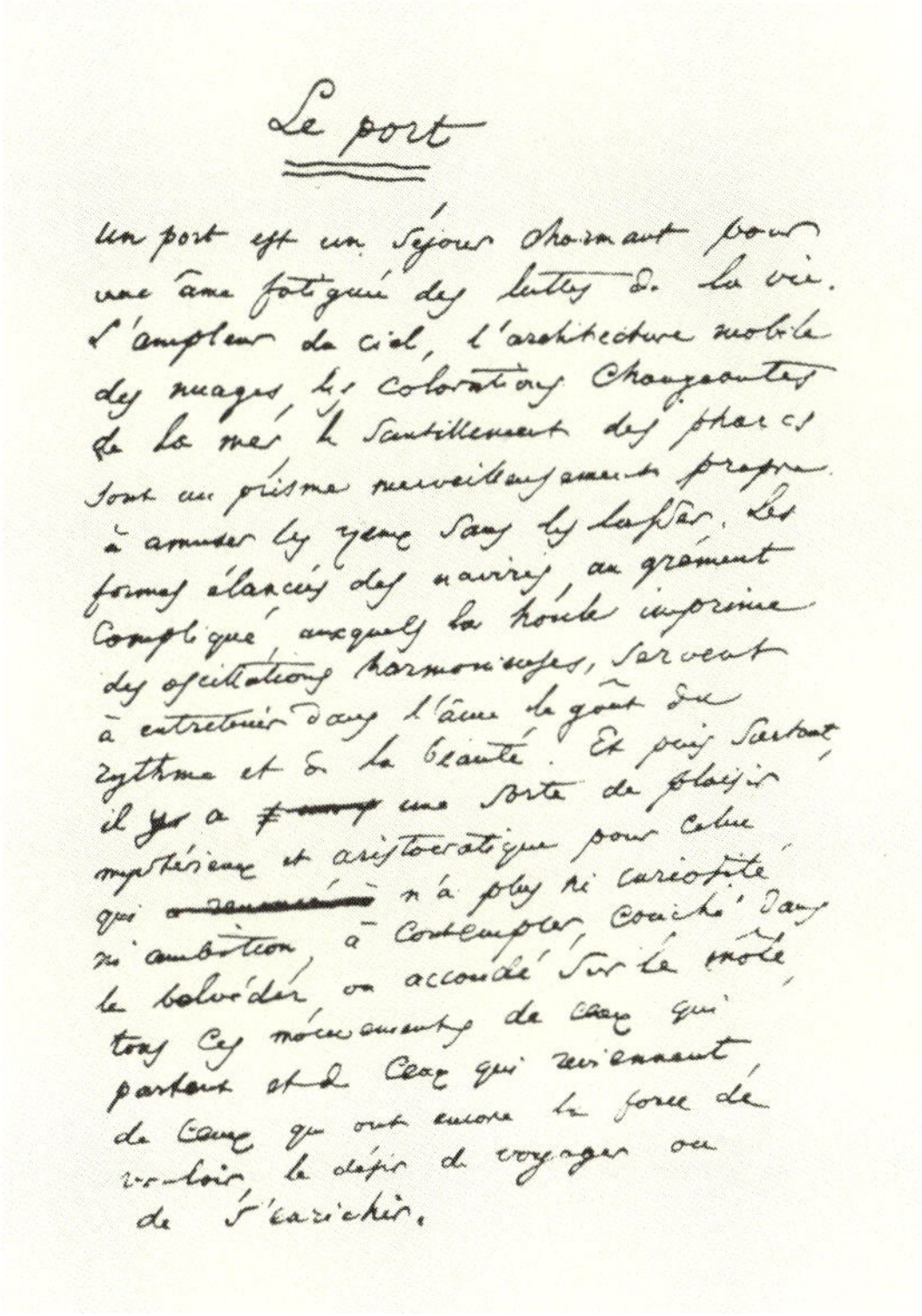

Le port

Un port est un séjour charmant pour
une âme fatiguée des luttes de la vie.
L'ampleur du ciel, l'architecture mobile
des nuages, les colorations changeantes
de la mer, le scintillement des phares
sont un prisme merveilleusement propre
à amuser les yeux sans les lasser. Les
formes élancées des navires, au gréement
compliqué, auxquels la houle imprime
des oscillations harmonieuses, servent
à entretenir dans l'âme le goût du
rythme et de la beauté. Et puis surtout,
il y a une sorte de plaisir
mystérieux et aristocratique pour celui
qui n'a plus ni curiosité
ni ambition, à contempler, couché dans
le belvéder, ou accoudé sur le môle,
tous ces mouvements de ceux qui
partent et de ceux qui reviennent,
de ceux qui ont encore la force de
vouloir, le désir de voyager ou
de s'enrichir.

ボードレール『パリの憂愁』41「港」の自筆原稿（全文、1864年頃）
（『ボードレール全集 I 』福永武彦ほか訳、人文書院、1963年より）

世の偽善と汚れを暴き、自嘲し呪うように祈るように。最も悪魔的であるがゆえに最も聖なるうた、未曾有の現代のうたを。

五七年六月に刊行された『悪の華』初版は、刊行後一カ月もしないうちに「風俗壊乱」の疑いをかけられ、同年八月罰金と詩六篇の削除を命じられる。ペテロによるキリストの否認の肯定や性描写が、第二帝政下の世俗道徳の持ち主たちの逆鱗に触れたのだ。六一年「あらゆる事物についての僕の嫌悪と憎悪の証言」（河盛）として、六篇を削除し新たに三十五篇を加えた再版が出る。この訴訟事件で一躍有名になった詩獣には若い熱狂的な読者も生まれたが、再版の反響は小さく、『悪の華』が時代と人間の魂に拓いた「深淵の感覚」（『全集』）を認識する者は少なかった。さらにこの頃梅毒の症状が顕著となり、六二年「痴呆の翼の風が私の上を吹きすぎるのを感じた」（『全集』）と記してから五年後、債権者から逃れ滞在していたベルギーの教会の石畳の上に倒れる。

六七年八月三十一日、失語症の果てに詩獣は死んだ。最後の秘蹟を受けた後、「故郷の美しい湖」である母の手に抱かれながら。その一瞬、苦痛の宿命から解き放たれた魂の羽は、どのような「原初の光」を帯びていたのか。

危機のように、祝福のように

アルチュール・ランボー

一八五四年十月二十日、フランス・アルデンヌ県シャルルヴィル市に生まれる。父は陸軍大尉、母は農場主の娘。少年時家出を繰り返し、パリ・コミューンを支持。ヴェルレーヌとの愛憎の果てに左手首を撃たれる。詩集『地獄の季節』『イリュミナシオン』脱稿後、欧州から紅海方面を放浪。外人部隊の兵士、石切場監督、商人などの職業を転々とし、最後はアデンの商人となる。九一年十一月十日、骨肉腫により死去。享年三十七歳。

「母音」

アルチュール・ランボーは、十九世紀後半、大きく変動する世界に魂を揺さぶられながら、詩という光源を信じて駆け抜けた詩獣だ。その計り知れない詩才は、ヨーロッパの植民地主義と台頭する資本主義の光と影、そして世界戦争の予感の下で研ぎ澄まされた。読む者が「神の側に身を置く」（サルトル）ことさえ必要とされると言われるその言葉は、謎めいた魅惑で輝いている。謎を謎のままに惹かれる者は今も絶えない。そこにはどんな時代の危機意識とも火花を散らし、魂の尖端を鮮烈に目覚めさせる力がある。それは物理的なものでも論理的なものでもない。切っ先に詩の光を煌めかせる非現実的な力だ。そのような力は古典主義やロマン主義の言葉にはなかった。言葉そのものの鋭い爪や牙、筋肉の蠢きと眼光、つまり言語の非在の力は、ランボーという詩獣に至って初めて正当に輝きだした。

A《アー》は黒、E《ウー》は白、I《イー》は赤、U《ユー》は緑、O《オー》は青。母音よ、
俺はいつかおまえたちの隠れた誕生を語るだろう。

A、耐え難い悪臭のまわりでブンブン唸る
色鮮やかな蝿たちの毛むくじゃらの黒いコルセット、
（鈴木創士訳）

この有名な作品「母音」は、私たちの命の底から常に直接に生まれる母音の姿を、生きる喜びのように鮮やかにうたう。母音たちは、「俺」に命じられるままこの世の被造物と次々と照応させられていく。引用箇所の後では「靄とテントの純真さ」「散形花序の震え」「吐き出した血」「緑がかった海原の神々しい振動」等々と、この世に生まれる母音たちを喩える美しい映像が続く（究極は、詩の最後にあるOの「かの人の目の紫の光源よ！」だ）。その照応は論理でも言葉の遊戯でもない。母音と存在の秘密の連関が、直感的に見出され一瞬の火花を散らすのだ。そのようにランボーの詩には各所で、言葉と存在の秘密の連関が煌めく。そもそも詩とは、言葉の生命力によって世界を蘇生させる行為と言えるが、そのような詩の真実もまた、この「母音」を待って初めて、世界は真に知ることとなったのではないか。

「俺はけだものだ」

ランボーとは誰だったのか。その人物像を思い浮かべようとしても、放浪や同性愛や革命への参加など、特異な逸話が乱雑に入り交じり、摑みどころがない。だが詩は人生によって生み出されるというわけでもない。とりわけランボーのような、人生よりも鮮やかに詩を生きたと言える人物にとっては。詩の中から悪戯っぽく声が響く。噂や伝記なんて知ったこっちゃない！　俺はここに生まれ落ち、今も生きているのさ！

《司祭や、教授や、先生たちよ、俺を司法の手に委ねるなんて、あんたらは間違っている。俺は一度だってこの民衆の一員だったことはない。一度だってキリスト教徒だったことはない。俺は拷問のさなかに歌をうたっていた人種の出なんだ。法律のことなどわからない。道徳観も持ち合わせてはいない。俺はけだものだ。あんたらは間違っている…》（同前）

「俺はけだものだ」、どこにも属さず、どんな法も道徳も及ばない者だ――。このランボーのうそぶきは、自分は法律や道徳や史実や歴史などといったどんな散文の罠にも捕らえられない詩獣だという不敵な宣言だ。ところで（史実の罠を承知で言えば）、この「悪い血」が収められた『地獄の季節』を書いた時、十八歳のランボーはまさに詩獣と化すしかない限界状況の中にあった。ブリュッセルで泥酔した愛人ヴェルレーヌに左手首を撃たれ、病院を出た後、母親の待つ「陰鬱な穴」である片田舎ロッシュに引きこもり、一人詩を書き続けていた。「悪い血」では、自分の魂の出自を、異教徒、徒刑囚、ならず者、黒人の中に幻視し、縦横無尽に想像の火花を散らすが、引用した独白は、激昂した群衆の前に立ち、銃殺隊と向かい合う場面で呟かれる。ここで「俺」は、民衆を「ジャンヌ・ダルクのように」護りつつ、「一度だってこの民衆の一員だったことはない」と豪語する。それは天才の露悪や不遜というより、詩獣の、「拷問のさなかに歌をうたっていた人種」としての自負だ。そしてここで言われる「けだもの」は、かの有名な「見者」のことでもある。

それゆえ詩人とはほんとうに火を盗む者なのです。

彼は人類に対して、動物たちに対してさえ責任があります。彼は自分の発明を感じさせ、手で触らせ、聞かせなければならなくなるでしょう。もし彼が彼方から持ち帰るものに形があるなら、彼は形を与えます。形をなさないものなら、無形態を与えます。ひとつの言語を見つけることです。　（同前、傍点ママ）

有名な「見者の手紙」（一八七一年五月十五日付ポール・ドメニー宛書簡）の一節である。ここで詩とは、「感じ、触り、聞くことが出来る」という全感覚的なもの、そして知性や人間的な感情の「彼方から持ち帰るもの」であると言われる。つまり詩はむしろ動物の本能で摑み取られるべきものだと。同じ書簡の別の箇所では、「普遍的な言語」「魂から魂へと向かう」もの、「匂いや、音や、色といったすべてを要約し、思考を引っかけ、そして引き出す思考に属する」もの、今は「常軌を逸し」ているが、やがて「規範」となり「万人に吸収され」るもの、とも定義される。つまりランボーにとって詩とは、全感覚の「長きにわたる、途方もない、考え抜かれた乱調をとおし」（同書簡、傍点ママ）、未知なるものに到達する力を持った「見者」が摑み取るもの、そして詩獣プロメテウスでもある彼が、神から盗む火でもあったのだ。

「絶対に現代的であらねばならない」

そのように全方位的に人間の感覚と知性を超越し、未知の獣の目を持とうとした見者ランボーはまた、「絶対に現代的であらねばならない」(『ある地獄の季節』)というテーゼを主張した。「絶対に現代的である」とは、全感覚を乱調させ、今ここに見えない真実を見ることである。そしてその真実から、すべての時代と言語を貫く「絶対に現代的な」煌めきを獲得することである。

それは蒼ざめたのだ、驚異の手よ、
愛をたたえた大いなる太陽のもとで、
機関銃のブロンズの上で、
蜂起したパリのいたるところで!

ああ! 時として、おお、聖なる「手」よ、
おまえたちの拳骨に対して、けっして酔いをさますことのない

俺たちの唇が震えて接吻する「手」よ、
明るい指輪をつけろと一個の鎖が叫ぶのだ！
（同前）

パリ・コミューンに触発され書かれた詩「ジャンヌ・マリーの手」の部分である。十六歳の「見者」は、蜂起に加わった勇敢な女性たちの姿を、まるでそこに立ち会うかのようにまざまざと見ていいる。* クローズアップされるのが、顔でなく「手」であることに注目したい。「手」とは盲目であり、また日頃顧みられることもないが、だからこそ真実の感情が最もいきいきと現れる部位なのだ。その「手」が、蜂起したパリで機関銃に添えられ蒼ざめた、と表現を屈折させている。その結果、革命の危うさを、まるで夢のリアルさで読み手に感触させることに成功している。まさしく「見者」の語法であると言えよう。

危ういコミューンは、「血の一週間」でヴェルサイユ軍に弾圧され崩壊する。引用箇所で、女性戦士を象徴する「ジャンヌ・マリー」たちは流罪の宣告を受け、引き立てられようとしている。彼女たちは罵声を浴び、うなだれてもいるだろう。だが、革命という真の労働をなしとげた「手」は、祝福の接吻こそを受けるべきではないか——そう強く欲望したランボーは見た。垂れた「手」が引きずる鎖の「一個の鎖」がふいに煌めき、「明るい指輪をつけろ」と叫ぶのを。太陽が、人知れぬ下方で栄光の指輪を贈る一瞬を。革命という絶対的な自由はもはや消えた。だが太陽は今、コミューンが確かに真実に属するものであった証を、敗者に与える。ランボーは、その「指輪」の煌めきを確かに見て、書き付けた。すると一瞬にしてそのイメージは、遥かな未来へと幾世代もの読み手の胸を貫いていった……。

叫ぶ一個の他者、一個の鎖

一八七五年、ランボーは『イリュミナシオン』の原稿を、監獄を出所したヴェルレーヌに手渡し、やがてアラビアの砂漠へと去った。そして詩獣の季節は終わったとされる。ヨーロッパで不法ダイヤのように煌めく言葉を「大安売り」した後、まさに「ジャンヌ・マリー」の手で、アラビアやアフリカで、果実や香辛料そして武器や奴隷までも取引したという。だがそのような「伝説」に何の意味もない。残された詩こそが、今も生きる詩獣の非現実の命なのだから。それは「品切れになることとなんかない！」（「大安売り」）と、触れれば常に爆発するエネルギーにみちた、「絶対に現代的」であれと煌めき呼びかける宝石である。その値のつかない宝石たちは、やすやすと売り切れるうすっぺらな記号のエコノミーに自足していく母国の言語と、それと軌を一にして世俗的な欲望を膨張させ始めたヨーロッパからは転げ落ちざるをえなかった。だが今、その「一個の他者」（前掲書簡）、あるいは一個の鎖が、ふたたび叫び始めていないか。遥かな東に眠れる獣たちの魂を、危機のように祝福のように、蒼ざめさせるために。

＊ランボーはパリ・コミューンの成立と崩壊の前後にパリを放浪するが、出来事自体には立ち会っていない。

幼獣

中原中也

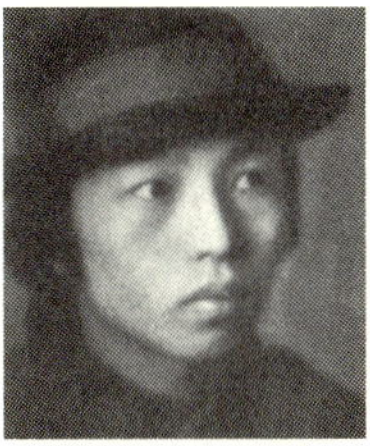

一九〇七年四月二十九日、山口市湯田温泉の医院に生まれる。中学時代から短歌に優れ、立命館中学校に編入学した京都で、高橋新吉『ダダイスト新吉の詩』からダダイズムを、富永太郎からフランス象徴詩を学ぶ。東京外国語学校専修科仏語部修了後、詩集『山羊の歌』、訳詩集『ランボオ詩抄』を出版。三六年愛児を喪い神経衰弱が昂じ、三七年『在りし日の歌』原稿を小林秀雄に託した直後の十月二十二日、結核性脳膜炎で死去。享年三十歳。

うた不在の時代に詩をうたう

中原中也は、この国の詩の歴史において、最もうつくしいうたをうたった詩人だ。その詩は、詩というよりうたとして、こちらの魂に直接に響く。見えるよりもまず、聴こえてくる。そこにある言葉は活字にはりついてはいない。音のないうたと、どこかたえず共振している。かつて詩人の内奥をよぎったうたを、素朴な古代の楽器のようにこもらせて、今も優しくきよらかに響かせるのだ。

もちろん中也は、詩をただ「歌」の代用品として書いたのではない。あくまで詩でしかうたえない「うた」をうたった。詩でうたうという新しい境地をひらいた。明治期以来この国の詩人たちは、従来の短歌的抒情やリズムや言葉遣いを、西欧近代がもたらした詩という自由で新たな形式と言語意識にいかに接近させていくか、という困難な課題を突き付けられていた。中也はそれを、短歌と詩のどちらかに依拠して解決しようとはしなかった。その詩にあるのは、旧来の短歌的抒情を離れつつも、モダンでありながらあくまでも日本的な抒情である。方法においては、ダダイズムなど西欧の手法と日本語の伝統的な美しさとの結合を、果敢に試みた。

開国以来、うたは、沈黙へと追いつめられていた。うたは「ドヤドヤと現れた西洋文学」(「撫でられた象」)の翻訳語や活字文化によって抑圧され、声をひそめた。ひとの魂もまた、近代資本主義がもたらした野望や利欲による「感情喪失」(「感情喪失時代」)により、うたの共鳴器としては致命的に鈍感なものとなった。だがそのようなうたの不在の時代の中だからこそ、中也は滅びゆくうたの存在に気づき、うたに突き動かされたのである。言い換えれば、その純粋な魂を行き場を失ったうたに見出され、うたをみずからの魂に棲まわせることができたのである。

うたは、近現代詩の歴史において不当に軽んじられ続けた。うたが忘れられていく詩の世俗化の中で、中也は、詩がうたであると真摯に主張した。「デザイン、デザインって?/そんなものは犬に食はせろ。/歌ふこと、歌ふことしかありはしないのだ。」(一九二七年一月二十日付日記)「あゝ歌がある、歌がある! 進め。(マラルメは考へたことに拘泥した。)」(同年四月二十九日付日記)

——関東大震災後、現代詩の諸潮流が花開いたが、「デザイン」偏重のモダニズム詩や、思想偏重のプロレタリア詩などは、うたを封じてしまったのである。うたは、詩の世界でも反動的で古くさいものとして顧みられなくなった。中也の孤独は深まった。

中也は、うたを詩へと救い上げた。短い生涯の中で、驚くほど多くのうたを身の内に捉え、すぐれた音感とリズム感で、詩へと蘇生させた。「サーカス」や「汚れつちまつた悲しみに……」

や「一つのメルヘン」など、人口に膾炙する詩を思い浮かべてみても分かるが、誰しもそれらを読む時、まず心の中でおのずと口ずさんでしまうだろう。口ずさむと同時に、舌はかすかにもつれ、それと共にこの世ならぬ不思議な映像が立ち現れるだろう。

うたに選ばれた詩人の魂

だが中也がうたを選んだのではない。うたの方が中也を選んだのである。太古、ひとの魂は汚れていなかった。ひとはうたに選ばれることができた。しかしやがてひとの魂は汚れ、言葉もまた意味だけの記号となり、ひとの欲望に仕えるものになってしまった。そして、うたはひとを選ぶことを止めた。だが、それでもうたはこの詩人の魂を見出し選んだのである。なぜうたは中也に宿りえたか。それは、彼が人間であるというよりも獣だったからだ。その魂の内部には、名づけられない幸福と悲しみのみちた原初の空間が存在したからだ。

黒い夜草深い野にあつて
一匹の獣《けもの》が火消壺の中で

燧石を打つて　星を作つた。
冬を混ぜる　風が鳴つて。

獣はもはや、なんにも見なかつた。
カスタニェットと月光のほか
目覚ますことなき星を抱いて、
壺の中には冒瀆を迎へて。

（二連略）

黒い夜草深い野の中で、
一匹の獣の心は燻る。
黒い夜草深い野の中で——
太古《むかし》は、独語も美しかつた！……

（「幼獣の歌」『在りし日の歌』）

「幼獣」は、中也自身だ。太古の黒い夜の草はらの火消壺の中で、小さな星の火花を散らす幼獣は、孤独な魂の燧石を打ち、うたをけなげに蘇らせようとする。だが蘇るうたは、太古の闇におびえるようなきれぎれの火花である。中也の詩もまた、散文が席巻する近現代の日本においては、そのように正当に聞き届けられないうたの火花だった。しかしうたが誰にも届かなくとも、中也は幼獣であることを止めなかった。うたが自分を突き動かし続けたから。うたを忘れた成獣になどなり果てたくなかったから。観念や思想によってすらすら語るよりも、どもりつつうたう幼獣でありたかったのだ。

名辞以前の時空

「かくてわたしは舌もつれしながらに抒情するのだ。――働きます」（二七年四月四日付日記）。死の十年前のこの言葉の意味はこう解釈できる。「舌もつれしながら」＝自分を突き動かすうたに対し、自分の母語である散文的な近代日本語は重く固く、舌はどうしてももつれてしまう。「抒情するのだ」＝だが幼児のようにもつれるからこそ、忘れていた抒情が地下水のように身の内に滲んでくる。一方すらすら名辞を使いこなすのは、俗人である。詩人は、すべてが名づけられない幼年期の孤独から決して動いてはいけない、と中也は確信していた。

「『これが手だ』と、『手』という名辞を口にする前に感じてゐる手、その手が深く感じられてゐればよい」(「芸術論覚え書」)「名辞が早く脳裏に浮ぶといふことは尠《すくな》くも芸術家にとつては不幸だ」(同前)――これは中也独特の詩論だ。「名辞以前」とは、この国の詩歌の歴史の中で中也だけが見出しえた時空である。それは、手の存在の不思議さにじっと見入る子供の孤独な内面空間であり、生命の喜びと悲しみだけがいきづく聖地でもある。そこで事物は、名づけられて世界から分断され、死物と化すことはない。そこにやってくるうたも、ひとつらなりの生命を、意味や観念によって分断されることがない。うたは、そこにただゆたかにみちみちる。ゆあーんゆよーんというブランコの音、軍楽、苦しげな母音だらけの雨音、年増婦《としま》や狸婆々の低い声、カドリール、千の天使のバスケット、無限の浪音、うつくしい魂の沸き声、ホテルの屋根に降る雪の囁き――。中也は、それら世界の魂がうたう不思議なうたを、たしかに聴いた。うたたちが交錯する「名辞以前」の磁場で、ランボーのように全感覚を乱調させながら。しかしランボーの見者の孤独とは違う、ひっそりとした「もののあはれ」の孤独において。中也はランボーのように言語という意識を先鋭化させ、未知の言語の閃光をもとめて母国語を脱出しようとはしなかった。「軟体動物のしやがれ声」(「秋の一日」)のような日本語の、暗い原意識にうずくまりながら、ただ幼児の幸福と不幸をうたった。

たしかに中也はランボーに魅惑され翻訳をしたが、最終的には「ラムボオは Vanity で自らを殺した」（二七年十月二日付日記）というように、結局はその自意識に違和感を覚えた。そして西欧のダダイズムも、自分の日本語の身体にくぐらせれば、「原始人のドモリ」（「ノート一九二四」）になると看破した。そのように詩人の意識は、あくまでもいつも日本の伝統の側にあった。中也にとって詩の本質とは、「もののあはれ」という「幸福の実質」（「詩と其の伝統」）だった。また一方、みずからが詩を書く時間を「純粋持続」（ベルクソン）になぞらえたが、それは西欧的な時間意識である「歴史」と対峙する、うたのいのちのうずまく「永遠の現在」のことだ。中也はその永遠の現在であるうたのありかに身を沈め、耳を澄ませ、うたを詩として蘇らせていった。中也の詩作＝「純粋持続」の過程で、日本語はたんなる名辞＝記号であることをやめ、不思議ないきものとしてあらたに生まれ直すことができた。

やがて幼獣は、長男を失い（三六年十一月）神経を病む。自分を幼い我が子につよく同一化していた結果だともいわれる。しかし変調の兆しはそれ以前に始まっていた。うたたちは、いつしか周囲にみちはじめた軍歌に怯え、中也の魂をさえ離れだし、そのために魂の川床は干上がり傷んだのである。そのうたの消えた痛みこそが、狂気を引き起こしたといっていい。長男を失う四カ月前に発表した詩「曇天*」には、その予兆がはっきりと見てとれる。詩のモチーフは、空の奥処にはたはたはためく不気味な黒い旗である。貧しい幻聴を伴うそのヴィジョンは、うたいたいの

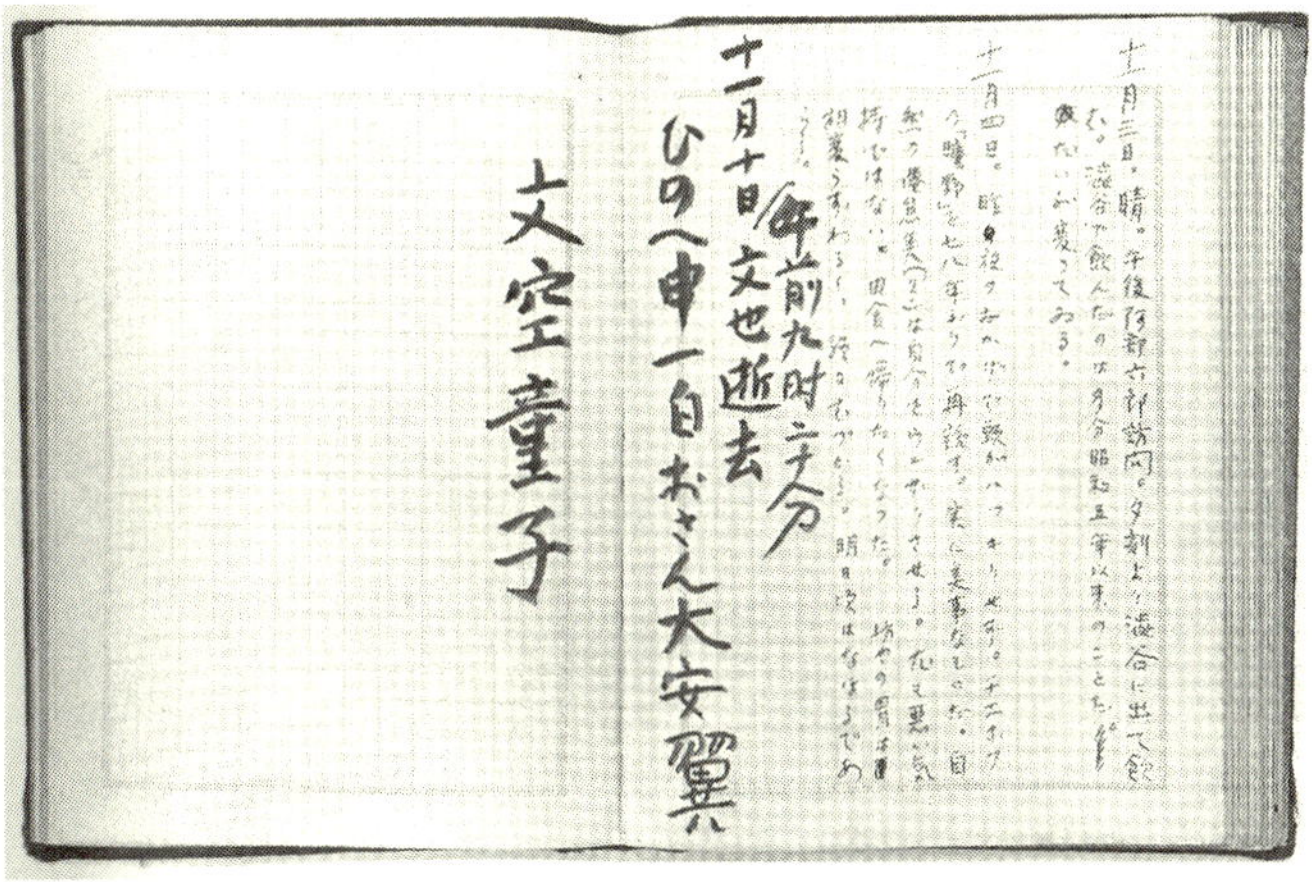

中原中也の長男文也の死を記す日記のページ（1936年11月）
（青木健編著『年表作家読本　中原中也』河出書房新社、1993年より）

にもはやうたえない、という幼獣の絶望を表している。

中也は幼獣のまま死んだ。うたの生命の火花《エラン・ヴィタール》を放つ、真実の詩を残して。詩人の死後、小林秀雄は「彼を本当に閉ぢ込めてゐる外界という実在にめぐり遇ふ事が出来なかつた」（「中原中也の思ひ出」）と書いたが、やはりそれは外在的な見方だろう。中原中也は、詩を書くという幼年の孤独において、すべての実在がうたとして火花を散らす瞬間に、たしかに立ち会ったのだから。

*「ある朝　僕は　空の　中に、／黒い　旗が　はためくのを　見た。／はたはた　それは　はためいて　ゐたが、／音は　きこえぬ　高きが　ゆゑに。／／手探り　下ろそうと　僕は　したが、／綱も　なければ　それも　叶わず、／旗は　はたはた　はためく　ばかり、／空の　奥処に　舞ひ入る　如く。」（第一連から第二連）。

一九〇三年四月十一日、山口県大津郡仙崎村（現・長門市）で生まれる。本名テル。実家は書店を営み、幼少期より文学に親しむ。母の再婚先である下関に移り住んだ二十歳の頃から、詩作を開始。雑誌に次々入選し西條八十に認められるが、やがて夫から詩作を禁じられた上、性病を感染させられる。三〇年三月十日、離婚した夫が娘を引き取る前夜にカルモチンによる服毒自殺。享年二十六歳。

きれいなたましひの舟

金子みすゞ

うたの舟の出発

金子みすゞ（本名テル）が詩を書き始めたのは二十歳の時。母の再婚先である下関の上山文英堂書店で働き出したばかりだった。店番の間読んでいた童謡童話雑誌に胸に宿っていたうたを触発され、短い詩獣の生涯は始まった。

みすゞには幼い頃、故郷の仙崎で聴いた数々のうたの記憶があった。日本海に「龍宮みたいに浮んでる」（「王子山」）町を包む波音、そこに歌い継がれていた鯨唄（「捕鯨は、みすゞが生まれた明治三十六年にはほぼ終わっていたが、」「仙崎では、どの寺でも鯨の供養を行っていた」今野勉）、そして捕鯨がもたらした富の象徴でもある遊郭の芸妓だったと言われる祖母が、幼い頃歌ってくれた「いまも、水のやうに、／かなしくしづかに泌みて」（「お祖母様と浄瑠璃」）くる浄瑠璃のうた――。

詩を書き始めた大正後期は、ちょうどデモクラシーとロマン主義の影響を受け、「児童文学の春」がやって来ていた。一九一八（大正七）年には鈴木三重吉の『赤い鳥』、一九年には『おとぎの世界』『金の船』『こども雑誌』、二〇年には『童話』『お話』等が刊行される。明治維新の拠点でもあった地方都市下関の、当時の文化の中心である書店の帳場に座り、頁を繰る雑誌から波動を受けて詩獣は目覚めた。その胸の奥深くから、懐かしくも未知なるうたの舟が次々とあくがれでた。

その頃「児童文学」を書いたのは、大人向けの詩や小説を書いていた作家達である。「明治政府によって一応の近代化が達成された時代にあって、すでに自分たちの理想や栄達を国家の興隆に重ね合わせて求めることができなくなっていた知識人たちは、〈子ども〉の『無垢』に自らを支える新しい価値を見出し、（…）『無垢』なる子どもたちを童話や童謡のなかに次々と生み出していった」（河原和枝）。かれらは、明治の規律訓練教育の下では存在しえない「無垢な子ども」を、ワーズワースなどの西欧ロマン主義に発見する。近代的自我の受容に苦しむかれらはそこに聖地を見出したのである。やがてそれは近代文学の内的葛藤を育む場となる。一方みすゞにとって童謡または詩は、自我の聖地というより、遥か彼方へ続く「内面の海」を抱えた場であり、その海で感受しつつ「人知れずつける日記であり、思索のノート」（今野）だった。

詩を書き出して間もなく、自分と同じ詩人気質を持つ西條八十に惹かれ、みすゞは『童話』等に投稿を始める。「テルは、白秋や雨情の童謡とは違った八十童謡の内面の表現とストーリー性に強く引かれていったに違いない。——私も書きたい。私も自分の発見を、内面を、童謡で書いてみたい。こんな思いが、大正十二年五月、テルに童謡を書かせた」（矢崎節夫）。すぐにみすゞは八十に認められ次々入選を果たし、投稿仲間たちの憧れの星となる。

有名な「大漁」は一九二四（大正十三）年の投稿作品である。

朝焼小焼だ
大漁《たいれう》だ
大羽《おほば》鰯《いわし》の大漁だ。

浜は祭りの
やうだけど
海のなかでは
何万《なんまん》の
鰯《いわし》のとむらひ
するだらう。

（全文）

この詩では仙崎の人々が大漁を祝う浜と、鰯が仲間の死を弔う静かな海の中が対比される。世界の中心はもちろん海の悲しみの方だ。このように、みえないものをみる、みえないものを中心に世界を感受する、という内面の深め方は、金子みすゞに固有のものである。その時詩人は、風のような透明な詩獣となる。風は小さな虫や鳥、人知れず散る花、みえない星、死者、社会的弱者といった片隅の存在にひっそりと寄り添う。寄り添いながらその内面は近代的自我として屹立しない。むしろ不定形なまま、定型に近い詩のリズムによってゆるやかに波立ち、いきづき、不思議な空虚の方へと押し拡げられていく。

詩獣は、詩＝うたという柔らかな舟に乗り、内面の海をどこへともなく揺られていく。だがそのあてどなさこそが、むしろ近代的自我を模索する作家達には出来ない斬新さで、詩の可能性を拓いたといえよう。独り言のような語りかけ、擬音語や畳語による音や動きの巧みな導入、色と音のモチーフの混在、映画のように視点を移動したり展開したりする手法、シュルレアリスムにも近い直感とセンス等によって。

「さみしさ」と「うれしさ」の間で

一方、みすゞの詩はつねに寂しい陰翳を湛える。それは、鯨墓や鯨法会（同タイトルの詩もある）があり、また海難者も多かった死に親しい町仙崎の空気に染みわたる無常観が、感受性の強い少女の心に静かに育んだ陰翳である。さらにそこに幼い頃の父の死の悲しみと、終生続いた母に対する疎隔感が加わる。夫亡き後、母は書店経営のかたわら内職にも励み、子供達を十分かまえないまま、みすゞが十六歳の時に亡き妹（みすゞの叔母）の夫と再婚し、下関へ行く。二十歳の時一緒に暮らし始めた後も、母娘の心は擦れ違ったままだった（「亡くなった叔母の代わりに上山文英堂に嫁いだ母を『御内儀さん』『奥様』と、弟を『坊っちゃん』と呼ぶ実生活は傍目には一見なんでもないようだが、当人に突きつけられた現実は辛いものであった」木原豊美）。

けふも、きのふも、みんな夢、
去年、一昨年《おとゝし》、みんな夢。

ひよいとおめめがさめたなら、
かはいい、二つの赤ちやんで、
おつ母ちやんのお乳をさがしてる。

もしもさうなら、さうしたら、

それこそ、どんなにうれしかろ。

ながいこの夢、おぼえてて、

こんどこそ、いい子になりたいな。

（「ながい夢」全文）

ここにいるのは、いまだ二歳の赤ん坊として「お乳をさがしてる」幼獣である。「『金子みすゞ全集』に収められた五百十二篇のうち百余篇に『母』という名詞が込められて」（木原）いるという。つまりみすゞの詩作の原動力は「抑えきれない母への思慕」（木原）にあるのだ。母と暮らすがゆえに深まった「さびしさ」。そこにはさらに、空想好きな詩人ゆえに持つ、自分の母は別などこかにいるという根源的な「母恋」も存在していたろう（今野氏は詩「小さなうたがひ」「睫毛の歌」「しもやけ」で指摘）。

そのようなみすゞの「さびしさ」は、人だけでなく生き物すべてに共鳴する質と深さを持ったものだ。次の詩「鯨法会」の母を殺された子鯨のあわれな声のように。

鯨《くぢら》法会《ほふゑ》は春のくれ

海に飛魚《とびうを》採《と》れるころ。

浜のお寺で鳴る鐘が、
ゆれて水面《みのも》をわたるとき、
村の漁師《れふし》が羽織来て、
浜のお寺へいそぐとき、
沖で鯨《くぢら》の子がひとり
その鳴る鐘をききながら、

死んだ父さま、母さまを、
こひし、こひしと泣いてます。

海のおもてを、鐘の音は、
海のどこまで、ひびくやら。

（全文）

だが母を失った「さびしさ」があって初めて、母と再会する「うれしさ」も生まれる。根源的な「さびしさ」に裏打ちされた「うれしさ」は、じつは真実の歓喜である。真実の「さびしさ」と「うれしさ」はあいまってやがて真実の「優しさ」を生む。次の作品では、そのような「優しさ」は「内面」を明るい方向へと解放し、不思議な共同性の予感さえもたらすのだ。

『遊《あす》ばう』つていふと
『遊ばう』つていふ。
『馬鹿《ばか》』つていふと
『馬鹿』つていふ。
『もう遊ばない』つていふと
『遊ばない』つていふ。
さうして、あとで

さみしくなつて、
『ごめんね』つていふと
『ごめんね』つていふ。

こだまでせうか、
いいえ、誰でも。

（「こだまでせうか」全文）

人は、時として「馬鹿」というと「馬鹿」と反射的に返す、ハリネズミのように孤独な存在だ。だが一方根源的な「さみしさ」という孤独も知っている。そこに佇む時には自分を他者へ開く勇気が生まれる。「ごめんね」と自分を開け放す声には、おのずと他者も「ごめんね」と応答する。人は、争いながらもそのように新たな「共感の地平」を創り出すことができる存在なのだ――。みすゞの詩にはすべてそのような思いが込められていると言えよう。孤独な問いかけや独り言であっても、詩という内面は他者に向かって水紋のように波立ち、遥かな空虚から「こだま」を聴き取ろうとする。そして母や父だけでなく、すべての人と生き物の、ひいては神仏や死者の応答までをも待つのだ。うたの舟は「さみしさ」と「うれしさ」の間で、つねに揺れている。

今もひろがるうたの水紋

新進気鋭の詩人として注目され、童謡詩人会で与謝野晶子に次ぐ二人目の女性会員にもなったみすゞ。だが最大の理解者八十が渡仏すると、投稿の情熱を失う。その後、幼少期に下関の家に養子に出されていた弟が、実の姉であるとも知らず彼女に思いを寄せることを心配した周囲に、不本意な結婚を強いられる。やがて無理解な夫から詩作を禁じられた上、性病に感染させられる。苦しみの果て、一九三〇（昭和五）年三月十日、カルモチンを飲んで自死を遂げる。離婚した夫が我が子を引き取りに来る前日だった。当時母親に親権は認められていなかったから、子供を奪われることへの抗議の行為だったともいわれるが、その死は時代の暗黒が招いたという以上に、詩獣にとって詩＝うたというものの美しさが、希望と絶望の危ういバランスの上に成り立っていたからではないか。

やがてほのぼのあくる朝

空はみごとに晴れました
あをくあをくうつくしく

小《ち》さいきれいなたましひの
神さまのお国へゆくみちを
ひろくひろくあけようと

（「雪」部分）

詩獣は二十六年の詩の舟の揺らぎをみずから止めた。だが残されたゆたかな内面の海に「きれいなたましひ」は今も揺らぐ。誰しもの胸にうたの水紋を拡げてやまない。

明日《みょうにち》の詩

石川啄木

一八八六年二月二十日、岩手県南岩手郡日戸村（現・盛岡市）の寺に生まれる。本名一《はじめ》。中学時代に与謝野晶子の「みだれ髪」に触発され作歌を開始。米国の詩集に感銘を受け詩も作り、二十歳の時詩集『あこがれ』で天才詩人として脚光を浴びる。生活苦に追われ岩手と北海道を転々とした後、東京で新聞校正係として働きながら評論活動。歌集『一握の砂』『悲しき玩具』。詩集『呼子と口笛』。一九一二年四月十三日、肺結核のため死去。享年二十六歳。

強烈な「われ」

石川啄木の詩獣としての生涯はおよそ十年である。一九〇一（明治三十四）年、十六歳で盛岡中学の校内雑誌に短歌を発表してから、一二（大正元年）年、第二歌集の出版契約を結んだ直後に肺結核で亡くなるまでの間に、短歌四一二四首、詩三六四篇、評論六三篇、小説一五篇*もの作品が生まれた。その他日記、書簡、新聞記事なども入れれば厖大な数にのぼる。もし書かれた言葉の総数を書いた時間で割ったならば、まさに「一生に二度とは帰って来ないいのちの一秒」（「一利己主義者と友人との対話」）が獣の鼓動となって聞こえてくるのではないか。

啄木に文学のジャンルの垣根はなかった。「余は、或は遠からざる未来に於て、代用教員という名誉の職を退いて、再びコスモポリタンの徒に仲間入をするかも知れない。そして今此三寸の胸に渾沌《こんとん》として渦巻いて居る千百の考へを、それぞれ論文とか、小説とか、戯曲とか、詩とかに書き分けねばならぬ」（「林中書」）というように。様々な文学形式を縦横無尽に試みながら、「渾沌として渦巻いて居る千百の考へ」の表現の出口を求めたのだ。渾沌とした流動のままにうたい、熱い血を全身に脈打たせ続けた啄木の「われ」。それは他の近代文学が追求したどんな自我よりも強烈だ。まるでいのちそのもののように。

詩獣が駆け出した明治三十年代は、明治初中期に自由民権運動や浪漫主義がかき立てた理想や夢想が、政治の野合や資本主義の矛盾という現実の中で挫折し、やがて押しつぶされていく前夜であり、自由を求める者たちが最後の光芒を放った時代である。とりわけ与謝野晶子や国木田独歩や北村透谷に触発された啄木の「われ」は、万葉以来の「うたう主体」の本質を受け継ぎつつ、「近代的自我」や「自己」という定義に収まらず対象化できない強烈な一人称である。それは観念的な孤独の中で絶対化されながらも、やがては近代化の苛酷な現実に抗い、苦しむ他者へ向かっていく深い愛の魂でもあった。

詩集『あこがれ』が秘める力

天才歌人として知られる啄木の原点には、詩への「あこがれ」が存在する。「以前、私も詩を作つてゐた事がある。十七八の頃から二三年の間である。其頃私には、詩の外に何物も無かつた。朝から晩まで何とも知れぬ物にあこがれてゐる心持は、唯詩を作るといふ事によつて幾分発表の路を得てゐた。さうして其心持の外に私は何も有《も》つてゐなかった」(「弓町より」傍点ママ)。ここで「二三年の間」と言われるのは、詩集『あこがれ』の作品が書かれた一九〇三年から〇五年。この時期に詩集冒頭の長詩「愁調」五篇が生まれる。それらを『明星』に掲載する際初めて「啄木」の筆名が使われる。まさに詩獣の誕生の瞬間だ。

だがなぜ詩獣は短歌から詩に移ったか。具体的なきっかけは、晶子を模倣するような歌ばかり作る啄木に、鉄幹が「歌を止めて、外の詩体を択ばれるがよからう」（「啄木君の思い出」）と諭したからだと言われる。だが真の原因は、十七歳以降苛酷な出来事に次々と襲われた詩獣が、現実を嫌悪し、そこから逃避する世界を希求したことにある。その現実とは、試験で不正行為を行い、譴責処分を受けての中学退学という不名誉、文学で身を立てるために上京しながら、病を得て父に連れられての無念の帰郷、そして故郷渋民村で自殺を想うほどの、病と挫折感の苦しみである。そうした苦境の中で詩獣は、透谷の「内部生命論」などから影響された、「まことの我」だけが生きる「まことの世界」への「あこがれ」を募らせていった。その「あこがれ」は、挫折感や虚無感から生まれた超越的な世界への憧憬であったから、短歌という旧来の形式では捉えきれず、詩という新しい形式によって描き出すしかなかった（一方短歌は、挫折感や虚無感を率直に表現する、「自己の存在の確認」〔一一年一月九日付瀬川深宛書簡〕の手段となる）。『あこがれ』の詩は、アメリカの詩集『Surf and Wave』（世界の海の詩のアンソロジー）に感動して作ったものだが、そこには文語定型詩が醸す古風な感情と同時に、内部宇宙へ向かう「われ」の意志が、荘重な鐘の音のように響いている。

暗這《は》ふ大野《おほの》に裂《さ》けたる裾《すそ》を曳《ひ》きて、
ああ今聞くかな、天与《てんよ》の命《めい》を告ぐる
劫初の深淵《ふかみ》ゆたゞよふ光の声。——
光に溢れて我はた神に似るか。
大空《おほぞら》地と断《た》て、さらずば天《あめ》よ降《お》りて
この世に蓮充《はしみ》つ詩人の王座《わうざ》作《つく》れ。

（「沈める鐘」部分）

ここにあるのは「光に溢れて我はた神に似るか」という自己の絶対化と、自己の絶対化の結果生まれた、「詩人（＝われ）の王座」としての超越世界への「あこがれ」だ。このような詩のあり方は、後に「弓町より」（〇九年）で、「食らふべき詩」と反対の「空想文学」として否定される。だがこの「あこがれ」にもじつは、外部の現実と他者へ向かう力が秘められていたのである。むしろ「われ」は絶対化されたからこそ、やがて強く外部を求めていくことになった。詩獣の「われ」を内部から外部へ触発したのは、恋愛と生活の苦難である。

まず堀内節子との恋愛。それは帰郷後の詩獣を絶望から救ったが、それだけに激しく観念化した。恋愛の観念化に影響したのは、リヒャルト・ワーグナーの至高の愛や与謝野晶子の浪漫主義的な愛、そして何よりも啄木と同じように現実の挫折から詩や恋愛に向かった北村透谷の、「想世界の敗将をして立籠もらしむ牙城」（「厭世家と女性」）としての愛である。だが詩獣の「われ」は、それら観念化された恋愛と現実の恋愛を往還することで、むしろ外部へ向かう力を蓄えていった。世俗的な現実に対するアンチテーゼとしての恋愛は、詩獣の生涯を貫く「われ」と「現実」との濃密な無償の関係のあり方を、おのずと準備していた。

一方、生活の苦難は、〇五年に父が宗費滞納のために住職の座を追われたことに端を発する。〇七年父の家出により復帰の望みは完全に断たれ、経済的困窮は深刻化する。その結果、詩という内部へこもる道は完全に塞がれ、自然主義を受け入れる精神的な準備が整えられていく。「空想文学に対する倦厭《けんえん》の情と、実際生活から獲た多少の経験とは、やがて私にも其の新らしい運動の精神を享入《うけい》れる事を得しめた」（「弓町より」）のだ。やがて詩獣は、「月光魂を溶す詩歌の故郷を旅立ちて」、散文という「白日炎々たる自由の国土」へと「走り去らむ」とする（「あこがれ以後」）。

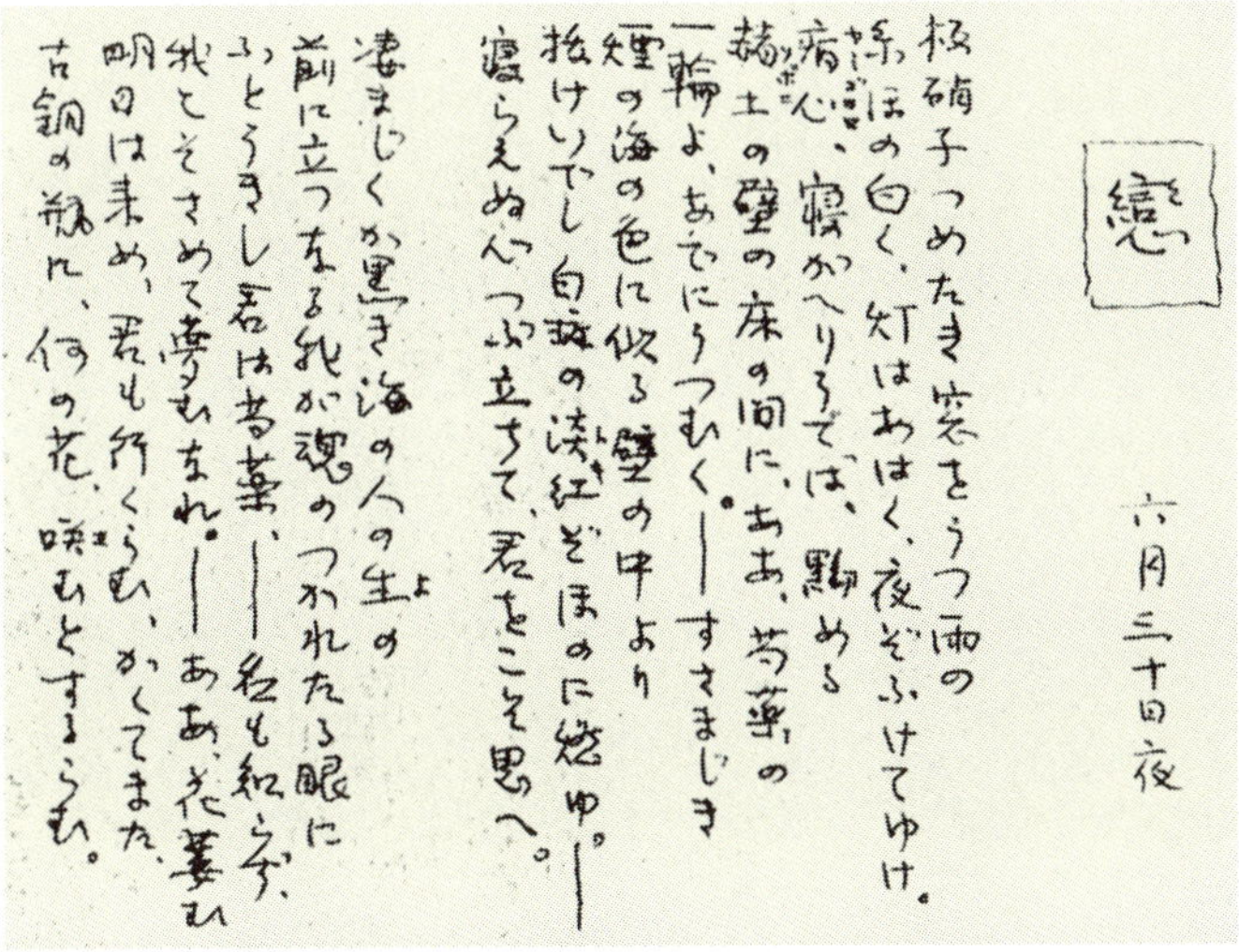

石川啄木「恋」詩草稿（1907年6月30日夜）
（『新潮日本文学アルバム　石川啄木』新潮社、1984年より）

「明日《みょうにち》」の詩をもとめて

〇八年北海道から上京し、詩獣は小説と評論の「国土」を駆け出していく。だが当時その「国土」を席巻していた自然主義は、日露戦争後強大化する国家権力に対して、抵抗の思想も意志も持っていなかった。なぜならそれは内部に「自己主張」性と同時に「自己否定」性（「観照」的傾向）を抱え込み、その自己分裂によって身動きが取れず、行為に向かうことが出来なかったからだ。詩獣もまた自然主義的な作品を次々執筆し、「告白文学」とも言える『ローマ字日記』も書いたが、やがて観照や告白を超えて「われ」と「現実」の密接な関係へ向かっていくのは必然だった。それゆえ社会主義に接すると詩獣は、自然主義を見限るのである。

だが無力感や無関心はもはや文学だけの問題ではなかった。明治末期の社会の空気にそれらは充ちていた。青年たちは、完成された政財界や国家の体制を前に、自分たちが入る余地はないと絶望した。そして明治初期にあった理想や立身出世の夢を見失い、享楽主義にさえ走り出した。詩獣はそのような社会は自滅的だと、大逆事件直後に書かれた「時代閉塞の現状」で批判する。「斯くて今や我々青年は、此自滅の状態から脱出する為に、遂に其『敵』の存在を意識しなければならぬ時期に到達しているのである。(略)自然主義を捨て、盲目的反抗と元禄の回顧を罷めて全精神を明日の考察――我々自身の時代に対する組織的考察に傾注しなければならぬのである」。ここにある「明日《みようにち》」という言葉は、時代の闇に詩獣が立てたまさに鋭い爪跡である。「今日《こんにち》」が、「時代閉塞の現状」を変えようともせず、今さえ良ければいいという無気力なものだとすれば、「明日」には、「今日」を分析し「敵」と対峙して現実を変革しようという人間の意志が込められている。一人一人が「明日」を考え、「明日」を意志すれば、歴史は国家から人間の手に取り戻される――そのような思いで詩獣は「明日」と記したはずだ。

大逆事件当時、朝日新聞の校正係だった詩獣は、血が逆流するほどの衝撃を受け（「幸徳秋水等陰謀事件発覚し、予の思想に一大変革ありたり」「一九一一年当用日記補遺」）、社会主義の文献を読み始める。時代におしつぶされそうな「われ」の自由を救い、「明日」へと新たな詩の血を巡らすために。一一年には「僕は長い間自分を社会主義者と呼ぶことを躊躇してゐたが、今ではもう躊躇しない」（前掲、瀬川宛書簡）とさえ言い切っている。だが詩獣が真実の使命に目覚めていくのとはうらはらに、天皇制国家は事件をきっかけに急速に絶対化する。全国に特高警察が設けられ、社会から自由そのものが次々抹殺されていく。同時に詩獣自身の病も悪化した。第一詩集『呼子と口笛』や第二歌集『悲しき玩具』には、大きな悲しみの影が射している。

一二年、詩獣は二十六歳で病に倒れる。晩年、天皇制国家批判に向かった詩獣の死が、じつは国家の暴力による虐殺だと看破したのは中野重治だ。「天皇制国家は、それ自身の力で、この病気の、貧乏な、体の小さな詩人を、うす緑色をした何かの幼虫ほどにあしらって指さきでこすり殺してしまった」(「文連版『啄木詩集』のために」)。幼虫を殺した直接の下手人は、病と貧苦と絶望と世俗の無理解だった。だがそれらはじつは間接的な国家の暴力でもあったのだ。耳を澄ませば、残された言葉からたしかにうす緑色の悲鳴が聞こえる。だが時代の闇に立てた爪跡は、いまだ煌めく。「明日」の詩を求め、詩獣のいのちはそこに渦巻いている。

＊各篇数は『石川啄木全集』(筑摩書房、一九七八)に拠る。

さびしさと悲傷を焚いて

宮沢賢治

一八九六年八月二十七日、岩手県稗貫郡里川口村（現・花巻市）の、質と古着屋を営む商家に生まれる。幼少期から仏教に親しみ、植物や鉱物採集にも熱中し短歌も作る。十八歳の時法華経に出会い感動。やがて篤い信仰心に支えられた童話や詩を次々に書く。農学校教諭も務め、退職後は「羅須地人協会」を設立し農業指導を行う。詩集『春と修羅』。三三年九月二十一日、急性肺炎のため死去。享年三十七歳。

原罪意識の闇から詩の光へ

宮沢賢治は、鋭敏な感覚と深い祈りによって、自分自身と時代の闇の中に未知の倫理と「ほんたうの幸《さいはひ》」（「銀河鉄道の夜」）を見出そうとした詩獣である。知性や理性の側から闇に光をもたらそうとしたのではない。四次元的な感覚とその感覚にもとづく祈りの中で、数多くの詩や童話を書いた。みずからの闇を静かな炎で燃やして透かせ、世界に銀河の輝きを恢復させようとした。その輝きは、「妙法蓮華経」（賢治は日蓮宗を信仰した）が象徴する世界の生命の発露だった。詩獣の闇は、そして生命の発露としての光は、三十七年の濃密な人生をどのようにあざない、陰翳を刻んだか。

賢治は幼い頃から原罪意識という闇を抱え込んでいた。加えて大正から昭和にかけての、資本主義下での農村の疲弊と家父長制や絶対主義天皇制という時代状況からも、閉塞感と絶望感を抱え込ませられた。一八九六（明治二十九）年に生まれた賢治の家は、質屋と古着屋をかねた富裕な商家だった。同家は多くの小作地を所有し、「その貧しい小作人たちも」「宮沢商店の顧客になる他はなかった」（見田宗介）。幼い詩獣は、小作人が質入れした物品に囲まれ、貧者にのしかかる重力を鋭く感じながらも、「奪う側」にいざるをえない自分の宿命を痛感した。「世の中が不公平だ」と泣き出したことや、店番をしながら「客のいうままに金を貸し与えてしまう」（同前）こともあった。そのような境遇から、自分を業深い「修羅」と感じる意識が生まれる。それは、晩年の「雨ニモマケズ」にある有名な「デクノボー」という自己認識にまで続く。

しかし詩の出発はそれほど早くない。盛岡中学時代同校出身の石川啄木に触発され、短歌から出発した詩獣が、詩を書き始めたのは一九二二年、二十六歳の時。生前唯一の詩集『春と修羅』の収録詩からである。それまでの経緯は次のようだ。前年一月店番をしていると、「上の棚から御書がばったり背中に落ち」（二一年一月三十日付関徳弥宛書簡。「御書」は日蓮の御書）、啓示を感じ無断で上京。家父長制下の長男としての重圧の下、虚弱な自分を支えてくれた両親への恩義と反発のはざまで苦悩していた中での突発的な家出だった。上京後すぐ日蓮宗派の国柱会を訪ねる。その後校正などの仕事と奉仕活動をしつつ、幹部の高知尾智耀《たかちおちよう》のすすめで「法華文学ノ創作」を「名ヲアラハサズ、報ヲウケズ、貢高ノ心ヲ離レ」（『雨ニモマケズ手帳』）猛然と始める。同年八月、妹トシの病気の報を受け、童話を一杯つめ込んだ大トランクと共に花巻に帰郷。十二月稗貫農学校教諭となる。そして翌年一月六日、『春と修羅』巻頭作「屈折率」と「くらかけの雪」が生まれた。

「心象スケッチ」から「銀河鉄道の夜」へ向かって

『春と修羅』を賢治は「詩集」ではなく「心象スケッチ」と呼んだ。「スケッチ」とはテーマや展開を決めて書く「作品」ではなく、詩人が詩獣と化し、「風とゆききし　雲からエネルギーをとれ」(「農民芸術概論綱要」)というように自然から詩の力を借り、戸外で感覚と一体化して言葉を綴るという「行為」である。執筆当時、詩獣は常に手帳と鉛筆を持ち、印象的な事物や心に浮かぶことがあると猛烈なスピードで「スケッチ」したという(『全集』第一巻)。そして世界という結晶の、四次元的な煌めきをうたった。

心象のはひいろはがねから
あけびのつるはくもにからまり
のばらのやぶや腐植の湿地
いちめんのいちめんの諂曲《てんごく》模様
(正午の管楽《くわんがく》よりもしげく

琥珀のかけらがそそぐとき)
いかりのにがさまた青さ
四月の気層のひかりの底を
唾《つばき》し　はぎしりゆききする
おれはひとりの修羅なのだ

(「春と修羅」冒頭部分)

ここで「おれ」は「修羅」と呼ばれる。「修羅」は「阿修羅」。「血気さかんで、闘争を好む古代インドの鬼神」だが、仏教では「仏法の守護神」でもある(『岩波 仏教辞典 第二版』)。つまり善悪に迷う諂曲(=こびへつらい心がねじまがっている)の存在だ。「わたくし」は、そのような修羅の世界の光と影で出来ている。影とは、家業や両親への原罪意識からもたらされた、「よだかの星」にみられるような自己否定の痛覚である。だがその痛覚ゆえに、外部の光は輝きを増した。感官は刻々と外部の輝きに感応し、感応のまま次々と言葉はあふれた。『春と修羅』からは、巧みなひらがな使用や擬音擬態語も手伝い、幻聴のような不思議な音声が聞こえる。多彩な形容詞や副詞によって、幻視のようなイメージも現れては消える。まさに四次元的な感覚のあふれる「スケッチ」だ。そして最も特異な「スケッチ」は、妹トシへの挽歌である「永訣の朝」から始まる「無声慟哭」のパートである。

けふのうちに
とほくへいつてしまふわたくしのいもうとよ
みぞれがふつておもてはへんにあかるいのだ
(あめゆじゆとてちてけんじや)
うすあかくいつそう陰惨《いんざん》な雲から
みぞれはびちよびちよふつてくる
(あめゆじゆとてちてけんじや)

(「永訣の朝」冒頭部分)

愛する妹が死にゆく朝、詩獣は刻々と「スケッチ」する。妹の姿に生死の感覚を激しく揺さぶられながら。「スケッチ」が進むにつれ、妹の死は、死という「終わり」を超え、永遠の生命への「旅立ち」として輝き始める。「へんにあかるい」戸外の光が、悲しむ詩獣の内奥にまで届き、その闇を融かす。詩獣の闇は内奥から天へと解き放たれ、循環する水蒸気のように旅立つトシの行方を追って、浄化されていく——。

「無声慟哭」で「天」はまだぼんやりと明るい「空虚」だった。だが八カ月後、連作詩「オホーツク挽歌」でそれはたしかな「世界」となる。「挽歌」の詩は、二三年七月の樺太旅行で見聞した、荒涼とした北方の風景に触発され生まれた。生と死が映り合い、今見ている風景がそのまま死者の旅立った痕跡として現れる、不思議な二重世界。そこで詩獣は誰のともつかない倫理の声を聴く。「(みんなむかしからのきやうだいなのだから／けつしてひとりをいのつてはいけない)」(「青森挽歌」)。まさに「銀河鉄道の夜」の萌芽とも言える声だ。闇は、声に導かれるように内奥の宇宙へ流れ出し透き通る。詩獣の生命はみずから燃え、「すべてさびしさと悲傷とを焚いて」「透明な軌道をすすむ」(「小岩井農場」)。二四年の「薤露青」では、「……あゝ　いとしくおもふものが／そのまゝどこへ行つてしまつたかわからないことが／なんといふいゝことだらう……」という境地に達し、愛する者を失った「さびしさと悲傷」を根源から乗り越える。

「わたくし」を解放する旅へ

だが闇は焚かれて透明化はしても、生きている限り、そしてこの世に「業」が生まれる限り、消え去ることはない。だから詩獣は闇を焚き続ける。自分自身をも焼く冷たい炎で。闇は心の内奥で「水いろの空虚」（「青森挽歌」）または「がらんとした桔梗色の夜」（「銀河鉄道の夜」）となり、拡がり出す。そのあてどない空虚で、「さびしさと悲傷」を焚く「透明な軌道」を進みながら、詩獣はこの宇宙での「わたくし」の決定的なあり方を摑みとった。

わたくしといふ現象は
仮定された有機交流電燈の
ひとつの青い照明です
（あらゆる透明な幽霊の複合体）
風景やみんなといつしよに
せはしくせはしく明滅しながら
いかにもたしかにともりつづける
因果交流電燈の
ひとつの青い照明です
（ひかりはたもち　その電燈は失はれ）

（「序」冒頭部分）

『春と修羅』で最後に加筆されたこの「序」の「わたくし」は、固定的な主体ではなく、一瞬のはかない「現象」であり、生命の光を他者とたえず分かち合う「照明」である。「電燈」という「個」ではなく、光を「たもちあう」関係の一部なのだ。そのような「わたくしといふ現象」が無数に交流し、闇を焚き照らし出していく。詩獣は『春と修羅』の詩作を通し、未知の共同性と交感の可能性を見出した。それは「わたくし」たちの「交流」が、個の宿命としての生と死の時間を、四次元の時間軸へ解き放ちうるという希望であり、過去と現在と未来が同時に存在する、「巨大に明るい時間の集積」(「序」)が立ち現れる予感でもある。

『春と修羅』の出版後、「銀河鉄道の夜」の初稿が生まれる。詩獣は、亡くなる直前まで同作の推敲を繰り返し、生死を超越する銀河への軌道を進み続けた。それは修羅としての「自我」や「主体」から「わたくし」を解放する旅でもあった。二六年には「芸術をもてあの灰色の労働を燃せ」(「農民芸術概論綱要」)という趣旨で、重労働に苦しむ下層農民達の「わたくし」を解放するため、羅須地人協会を設立し、稲作指導や肥料設計にも当たるが、無理がたたり二八年病床に就く。そして三三年、「心象スケッチに非ず」(『全集』第二巻)という禁欲的な詩作態度で、みずからの生を確認するために綴った文語詩篇と、法華経一千部を友人知人に配布するようにという遺言を残し、銀河へ旅立った。詩獣の「わたくし」は祈りそのものとなって、今も「ひかり」をたもち、すべ

ての人の心の闇への軌道を進んでいる。修羅の世界から消えることのない「さびしさと悲傷」を、
静かに焚きながら。

小林多喜二

死を超えて汽笛は響く

一九〇三年十月十三日、秋田県北秋田郡下川沿村（現・大館市）の農家に生まれる。四歳の時一家は小樽へ移住。高等商業学校時代から文学活動を開始。銀行に勤務しながら『一九二八年三月十五日』『蟹工船』などを執筆し、プロレタリア文学の旗手と目されるが、『不在地主』を発表したことで解雇される。その後上京して作家として活躍し、日本プロレタリア作家同盟書記長となる。三三年二月二十日、特高警察の拷問により死去。享年二十九歳。

汽笛に揺籃されて

ぼう〱……
燈りもさびしい留守
静けく……低――く
港の夜更
独り室ぬちに聞く――汽笛
あゝ私の懐かしい揺籃よ
そして淋しい子守歌よ
私はそれの枕に
その音律に
遠い昔の私を想う

小林多喜二十六歳の時の詩「私の揺籃」の冒頭部分である。当時小樽商業学校二年生だった多喜二は啄木を愛読し、詩歌も作った。やがて詩歌から遠ざかり小説の道へ向かうが、その原点には、港町の汽笛に育まれた孤独なロマンティシズムがあった。詩は、作家の感性の核にあり続けた。小説や書簡や日記の言葉もまた、「散文の終ったところから始まる」(「詩の公式」)べき詩の次元と時に触れあって煌めく。「詩は(劇もそうであるが)生活の危機から産れなければならない」もの、「流れも見せず流れる」底深い石狩川が滝をおのずと産むように、「そのときでなければ産れないもの」(同前)。日本を代表するこのプロレタリア作家は、鋭敏な感受性で時代の危機を感受し、胸から詩をあふれさせせた。そして明治期以来内向し平板に陥っていた散文の世界に、思いがけない生命と潤いをもたらした。

幼い詩獣は様々な「汽笛」にその感性を「揺籃」された。一九〇七(明治四十)年、没落した農家だった多喜二一家は、小樽でパン屋を営む伯父を頼り故郷秋田から北海道に移り住む。開通して間もない青森までの奥羽本線、津軽海峡を渡る連絡船、函館から小樽に向かう列車で、四歳の詩獣が聴いたいくつもの汽笛——それは近代化をうたう響きであると共に、本州から新天地に向かう貧しい農民たちが期待と不安の中で聴いた痛切な音色でもあった。一家は小樽湾南端の漁師町の、鉄道と海岸に挟まれた地に居を定め、父はパン屋の小さな支店を開く。その年築港工事が始まり、周囲は大工事現場となり工場や店や駅も次々建っていく。明治期以来の石炭の積み出し港であり、日露戦争以後は樺太貿易を独占した小樽港は、第一次大戦時、雑穀や澱粉の海外需要が激増し輸出港として空前の活況を呈する。だが一方工事現場にはタコ部屋、港には白首《ごけ》と呼ばれる貧しい娼婦や落ちた豆を拾う女達も現れる。幼い詩獣は労働者が奴隷のように酷使される様子を目撃する。母はタコ部屋から逃亡した「ルンペン」たちにパンを差し出すこともあった。後に当時の事件をもとに短編「人を殺す犬」（二六年）で、逃亡者が見せしめのために犬に嚙み殺される場面を迫力ある筆致で描いた。雑誌側からは「あまり残酷なので出せない」と言われたが、詩獣は「出したからって、出さないからって、〈現実にある〉事実をどうする積りだ」と憤る（二七〈昭和二〉年三月二日付日記）。そのような弱者を虐げる者への怒りと、母親ゆずりの情の深さは、やがて青年期の詩獣をマルクス主義へおのずと向かわせていった。

胸からのマルクス主義者へ

詩獣はパン工場で働きながら伯父の家から小樽商業学校へ通学し、そこで文学と絵画に目覚める。学資を援助した伯父の反対で絵画は諦め、「一番金がかからない」（倉田稔）文学を選ぶ。自宅通学に戻った小樽高商時代、雑誌に投稿。志賀直哉を徹底的に読み込み緊密な筆致を学ぶ一方、トルストイやゲーテといった外国の古典を熟読。卒業論文でクロポトキン『パンの略取』を翻訳し、マルクス主義にも触れ始める。二四年北海道拓殖銀行に就職後、バルビュスの反戦文学運動「クラルテ運動」の志を継ぐ雑誌『クラルテ』を創刊。同年父の死により一家の生計を双肩に担う。十月酌婦田口タキに出会い恋愛感情を抱き、絶望的な状況から踏み出そうとする意志の強さに感銘を受け、二五年大金を工面しタキを身請けする。この時期に垣間見た、戦後不況で失業した女工達が身を落とす先の酌婦や売春婦の世界は、「曖昧屋」を皮切りとする娼婦物に反映し、それらを書く過程で詩猷は社会主義者として生きるしかないと自覚する。

だが治安維持法下で詩猷は「循環小数」のように迷い続ける。「それは丁度、要塞をおとし入れるために一人が進んで行く、すぐ殺される。と他の一人が進む、又殺される、（略）そして、一歩、一歩……進んで行く、そういうことが思われる。それとそっくり同じだ。その犠牲になっても、それがやがて本当に新らしい世界が自分達を待っている、ということが、信仰とな、っ、て、いないものにとっては、恐ろしいことだ。自分の悩みがこゝにある」（二七年二月七日付日記、傍点ママ）。だがこの後まもなくマルクスやレーニンや河上肇などを読破し、「胸から、胸の奥底から、心臓から、どうしても社会主義者にならずにはいられない」（五月田口タキ宛書簡）という思いに至る。それはまさに生命の、詩の衝動だった。直後タキは身を引くため小樽から姿を消す。思いを断ち切れないまま詩獣は、銀行業務のかたわらプロレタリア小説の執筆に没頭する。だが現実から激動が押し寄せる。慢性不況の下二六年初のメーデーが開かれた小樽では、二七年三月の磯野小作争議に続き、六月港湾労働者の争議が起こる。詩獣の運動への関わりは小作争議ではまだ浅いが港湾争議で深まり、銀行が引けるとビラも書いた。争議は敗北したが、詩獣は多くの労働者や労農党員と知り合った。九月から「社会科学研究会」でさらにマルクス主義を学び、社会変革の必然性を確信する。そして十月十日、「俺の在来の芸術（従って又決定的な意味で云って生活）の揚棄がとらえられなければならなくなった」（傍点ママ）と日記に記す。

プロレタリア文学の旗手として

二八年二月第一回普通選挙で、詩獣は共産党員の山本懸蔵を応援し、東倶知安での応援演説隊に加わった。山本は惨敗したが、全国的には無産政党が八名当選し勢力を増大させる。危機を感じた警察は三月十五日、選挙違反取り締まりに便乗し共産党を一斉検挙。小樽でも選挙で知り合った人々が逮捕され拷問を受ける。五月、話を聞き強い憤りを感じた詩獣は『一九二八年三月十五日』を起稿。一人一人の人間像を、深い共感にもとづく筆致と速度感を持たせた映画的手法で描き出した。「本当のことを云って、尊い血を流している同志達の、云おうとして云い得ずにいる憤怒を、そのたゞ代りになって書いているに過ぎない」（エッセイ「『一九二八年三月十五日』」）という同志への敬愛をこめた同作は大きな反響を呼び、詩獣は一躍プロレタリア文学の旗手となる。

『三・一五』で拷問の実態を描いたことで詩獣は特高の憎悪の的となる。だが声を上げられない者たちの代弁者でありたいという情熱は止まず、さらにペンを走らせた。二八年九月普選を題材にした『東倶知安行』完成、十月には二年前起きた漁夫虐待事件を扱った『蟹工船』を起稿し翌二九年三月脱稿。「『主人公』というものがない」全く新しいプロレタリア小説が誕生した。「『集団』を描くこと」で「現実に労働している大衆を心底から揺り動かす」試みである。台詞や擬音語を多用し、搾取の構造を「透き通るような鮮明さ」で突きつけ、労働者が団結して立ち上がるよう励ました（一九二九年三月三十一日付蔵原惟人宛書簡、傍点ママ）。

死を超えて汽笛は響く

『三・一五』への高い評価によって、二九年二月詩獣は日本プロレタリア作家同盟中央委員に選ばれる。四月拘引され家宅捜索を受けるが、五月二年ぶりにタキと再会。十月磯野小作争議を扱った『不在地主』が雑誌に載る。だが十一月、左翼作家がいると知れ渡るのを恐れた銀行に依願退職させられる。生活の困窮に悩みつつ十二月『工場細胞』を起稿。翌三〇年三月中央文壇へ挑むために上京し、タキと共に暮らす。五月作家同盟の関西巡回講演直後に検挙、二週間勾留、帰京間もなく再び検挙。七月には『蟹工船』にある天皇批判の台詞がもとで不敬罪の追起訴を受ける。さらに八月治安維持法違反で起訴され、豊多摩刑務所の独房に収監。だがそこで数多くの書物を読み、特にディケンズから集団の描き方を学ぶ。一方生来の詩的感受性は獄中で鋭く研ぎ澄まされた。とりわけ書簡に綴られた痛切な望郷の思いは、まさに闇に光を刻む詩である。

冬が近くなると、ぼくはそのなつかしい国のことを考えて、深い感動に捉えられている。そこには運河と倉庫と税関と桟橋がある。そこでは、人は重ッ苦しい空の下を、どれも背をまげて歩いている。ぼくは何処を歩いていようが、どの人をも知っている。赤い断層を処々に見せている階段のように山にせり上っている街を、ぼくはどんなに愛しているか分からない。

（三〇年十一月十一日付村山籌子宛書簡）

翌三一年一月出獄し二月『オルグ』起稿。三月タキに求婚するが、自分が重荷になるのを恐れ

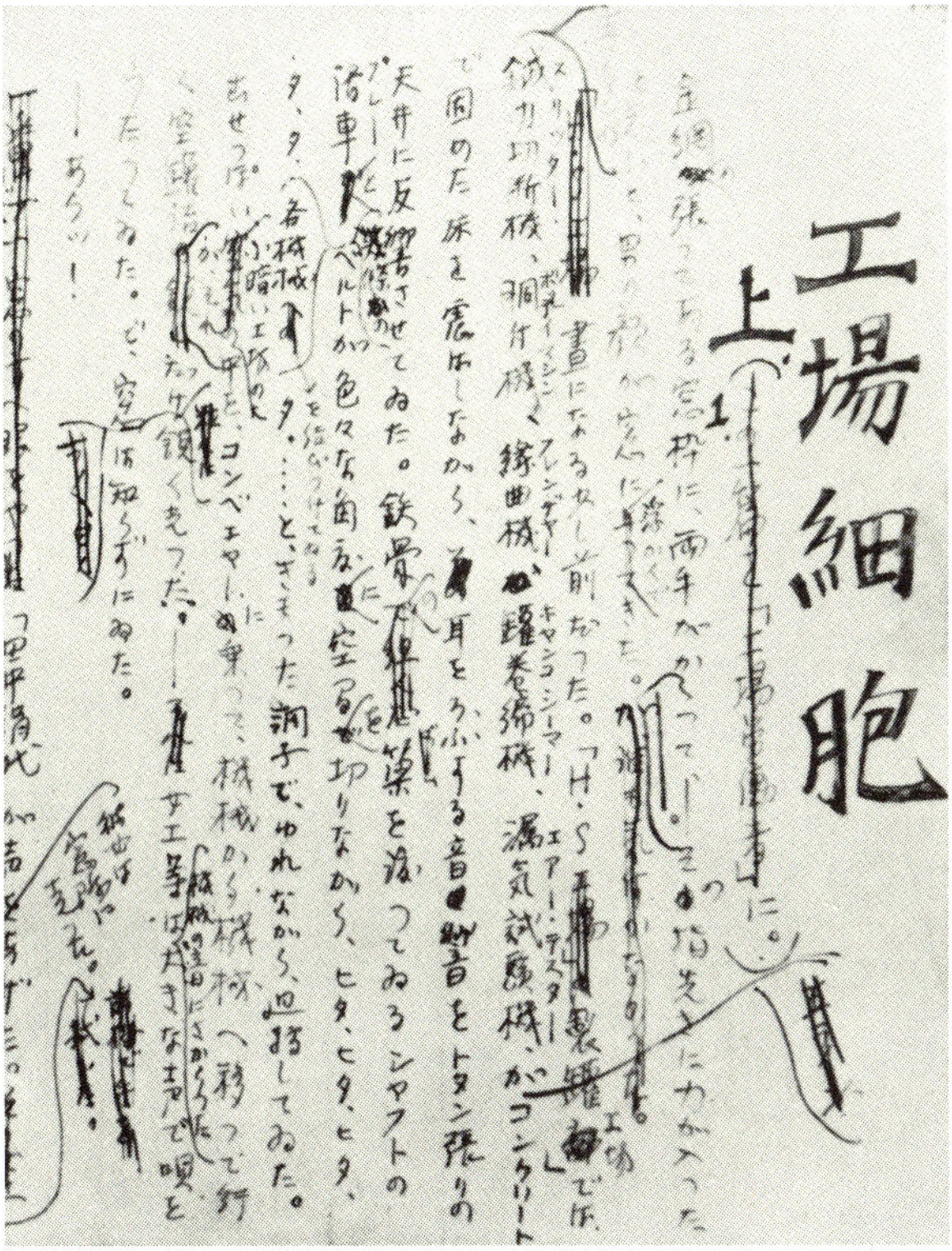
工場細胞
上
1

小林多喜二『工場細胞』ノート稿
（『小林多喜二全集　第三巻』新日本出版社、1982年より）

たタキは詩獣の元を去る。九月『転形期の人々』起稿。十月日本共産党入党。三二年さらに弾圧は強まり地下生活を余儀なくされるが、不自由で不安な日々のさなかも、社会を変えるための文学を模索しつつ『党生活者』や『地区の人々』を発表。だが地下から小説を発表し続けたことがさらに特高の憎悪をあおり、ついに翌三三年二月二十日スパイの手引きで捕まる。築地署で三時間以上の拷問を受け、病院で絶命した。遺体は全身「墨とベニガラとをいっしょにまぜて塗り潰したような」(江口渙、手塚英孝『小林多喜二』)凄まじい内出血の色に染まっていた。

国家は詩獣を殺した。だが二十九年間その魂からあふれた詩は、人間のための大河となって流れ続ける。そこから聴こえるのは、誰もが幸福な「新しい世界」へ向かう汽笛である。耳を澄ます者は、胸の内深く今もそれを聴き届ける。

原民喜

ガラスの詩獣

一九〇五年十一月十五日、広島市中区幟町の官庁用達商の家に生まれる。父を失った十一歳の頃から文学に目覚め、中学時代に詩作を開始。慶應義塾大学在学中左翼運動に挫折して、自殺未遂。その後結婚し、英語教師を務めながら小説を次々発表する。妻の死後広島に疎開中に被爆した体験を描いた「夏の花」が、高い評価を受ける。朝鮮戦争勃発後間もない五一年三月十三日深夜、鉄道線路に横たわり自死。享年四十五歳。

死者の嘆きのためにだけ生きた散文詩作家

生きてゆくことができるのかしらと僕は星空へむかつて訊ねてみた。自分のために生きるな、死んだ人の嘆きのためにだけ生きよ。僕を生かしておいてくれるのはお前たちの嘆きだ。僕を歩かせてゆくのも死んだ人たちの嘆きだ。お前たちは星だつた。お前たちは花だつた。久しい久しい昔から僕が知つてゐるものだつた。僕は歩いた。僕の足は僕を支へた。僕の眼の奥に涙が溜るとき、僕は人間の眼がこちらを見るのを感じる。

これは、原爆投下から間もなく「夏の花」で「一切の悲惨」（パスカル、原「心願の国」）を描いてから数年後、原民喜が、死者たちへの切迫した祈りをこめて書いた「鎮魂歌」の一節だ。「自分のために生きるな、死んだ人の嘆きのためにだけ生きよ」という命令法は、同作で何度も繰り返される。「生きよ」は、「生きよ」と「生きるな」の双方から押しつぶされる悲鳴でもある。「慌しい無造作な死」を死んだ者たちの嘆きにはやがて、原爆投下の前年にその死が「静かな屋根の下でゆつくり営まれた」（同前）妻の、たった一人の嘆きが重なる。

「鎮魂歌」で原は、死者の嘆きに晒された内面の危機から、生きる意味を求め絶唱する。同作は散文形式だが、切実な内容と表現が相まった比類なく美しい「詩」でもある。「原爆作家」として知られる原は実際多くの詩も書き、詩を最も優れた言語芸術だと考えていた（「詩壇に与ふ」『春鶯囀』創刊号）。「小説」においても詩的感覚で、「題材」そのものではなく「題材に対する心の働かし方」（同前）を、精巧かつ繊細な言葉で捉えた。「原爆作家」という範疇では捉えきれない「散文詩の作家」（長光太「死の詩人・原民喜」）だ。祈りに研ぎ澄まされたガラスのまなざしに煌めく文体。魂の奥で見事に結晶化された詩的な言葉。そこに声なき死者たちが「一輪の花の幻」となり、あふれる。

人間への脅えと恋慕

日露戦争に勝った一九〇五（明治三十八）年、詩獣は生まれる。生家は、軍都広島の陸海軍官庁御用達の繊維商。戦勝を祝い「民喜」（＝戦争に勝って民が喜ぶ）と名付けられた。幼少期、第一次大戦で家は繁栄し商店から会社となり、「ハイカラ」となった店には工場も併設された。自室の窓からは遠く、軍都の繁栄の象徴である「物産陳列館」（後の原爆ドーム）も見えた。デルタ地帯の美しい川と緑の風景は、繊細なガラスの幼心に映り込み、その文学の核となる詩的夢想を育んだ。「僕はその頃、夢みがちの少年であつた。朝毎に窓をあけると新しい朝が訪れて来るやうだつた。遠くにきこえる物音や窓の向に見える緑色の揺らぎが、僕を見えない世界へ誘つてゐた」。だが一七（大正六）年、十二歳の時に愛する父が病死する。「なによりも自分をかばってくれていた父の死は、民喜少年の柔かな魂を押し潰してしまったのではないかと思える」（川西政明）。その後中学受験失敗による挫折も重なって友人と遊ぶこともなくなり、「運動場の喧噪を避けて、いつも一人で植物園のなかを歩いた」。さらに翌年聖書を教えてくれた「一番好きだつた」姉も他界。「つぎつぎに死ぬる、死んでどうなるのか」。二人の死はまさに世界の崩壊だった。中学四年間誰も声を聞いた記憶がないほど無口になり、たった一人の世界を生き始めた。

だが五年時、文学好きな友人たちとの交流が始まる。「人間への恐怖に心閉ざされ」ていた詩獣にドストエフスキー等の文学が、自分という「牢獄の壁に立ち向かって行こうとする意志」を目覚めさせた。二四（大正十三）年慶應義塾大学文学部予科に入学し、広島の友人たちの詩誌にも参加。二五年、トルストイ、芭蕉、蕪村、室生犀星を耽読し、辻潤のダダイズムにも影響されダダ詩を地元紙に次々発表。二六（大正十五・昭和元）年、広島の友人に山本健吉を加えて作った新たな同人誌に詩や文章を書き、自分と外部との回路を回復していく。同時にマルクス主義文献も読み、左翼運動に関心を寄せる。孤独な詩獣が「左傾化」したのは、自分を閉ざすものを社会構造から解明し、「人間全体に対して、まるで処女のやうに」戦《おのの》く自分自身と弱き者たちを救出したいという思いがあったからだ。人間への脅えと恋慕の間で葛藤しつつ、詩獣はさらに表現と行動へ突き動かされていく。二九年同大英文科（主任教授は西脇順三郎）に進学し、日本赤色救援組織《モップル》に参加。三一年逮捕され運動から離脱する。この挫折体験は詩獣を「ひどく傷ついた羊」にした。翌三二年卒業後、不景気のどん底で職は見つからず親類のダンス教室を手伝うが、もはや友人の手助けがなければ「何一つ自分の意志ではできなくなっていた」。軍と官庁の用達である実家から支えられつつ、やがて虚脱状態のまま通いつめた遊郭の女性を身請けする。だがすぐに裏切られ、同年初夏カルチモン自殺を図るが、量が多すぎ未遂に終わる。その後「それこそ必死で内部に張ろうとした祈りに似た琴線がプッツリと切れ」てしまった（以上、引用は川西）。

妻との小宇宙で育まれた詩獣

翌三三年詩獣を立ち直らせようとした親族の勧めで、中学生の時につかのま会った「少女」永井貞恵と結婚。「瀬戸内型の明るいひとで、たえず微笑して笑い声をはじかせ、常識にめぐまれた人柄」(『作家の自伝』)である妻は、かつて詩獣に「限りない夢を育て」た姉に代わる存在であり、最良の読者だった。「それまで彼の書いたものを二つ三つ読んだだけで、もう彼女は彼の文学を疑わなかった。それから熱狂がはじまった」(「苦しく美しき夏」)。結婚後交渉ごとは全て妻がこなし、詩獣は深夜、内面世界を精緻な言葉に紡ぎ続けた。だが三四年昼夜逆転した生活が特高の嫌疑を受け、夫妻は検挙される。すぐに釈放されたものの「彼の神経の核心に灼きつけられ」たこの事件は、「得体の知れない陰惨なものが既に地上を覆はうとしてゐる」という絶望をもたらす。三五年から四四年、深い傷を癒やすために「千葉登戸での妻と二人だけでつくった小宇宙」(川西)に引きこもる。そして次々と書き妻に語り聞かせ、文芸誌に発表する。父が生きていた頃の楽しい思い出を描く「幼年画」や、父の死後の不安な世界を描く「死と夢」の諸篇等。三五年には新感覚派的なコント集『焰』も自費出版し、三十歳を過ぎ詩獣は作家として生きる決意を固めた。

だが三九年妻が結核を発病。以後作品の発表は減り、詩獣は看護に心を砕く。病床で作品を待つ妻は詩獣を励ました。枕元の鏡に映る青葉を二人で見入り、「一人の人間に一つの調子が湧くとき、すぐもう一人の人間にその調子がひびいてゆく」(「鎮魂歌」)交感の時が続いた。それは汚濁の世界を洗いきよめるかけがえのない時間だった。だが妻は四四年に亡くなる。戦後、妻の発病から死までの五年間の記憶を詩的に結晶化し、妻に語りかける形で作品化したのが「美しき死の岸に」諸篇である。それは『夏の花』収録作と同時期に書かれた。一人の死者への思いを結晶化する詩の力が、無数の死者を悼む抑制的文体を支えたのだ。

一輪の花の幻を遺して

妻の死はまさに自身の死だった。どう生きていったらいいかも分からなかった。四五年一月、妻と過ごした十年間の記憶から逃れるように千葉の借家を引き払い、広島市の長兄宅へ疎開する。だがそれが運命を分けたのである。八月六日、原爆による「地獄以上の体験」を被る。原爆投下直後から、詩獣は目の当たりにする光景を手帳に刻々と記した。「突如　空襲　一瞬ニシテ　全市街崩壊　便所ニ居テ頭上ニ　サクレツスル音アリテ　頭ヲ打ツ　次ノ瞬間暗黒騒音」。この「ノート」を下地に数カ月後、小説「夏の花」は書かれた。同作は妻の初盆に花を手向ける場面で始まり、その二日後に壊れた詩獣のガラスの眼に映った地獄以上の地獄が、感情を抑え細密に描かれる。「ギラギラと炎天下に横たはつてゐる銀色の虚無のひろがり」、あるいは「精密巧緻な方法で実現された新地獄」――ガラスに亀裂をもたらされながら、詩獣は鋭敏な筆力で地獄絵巻を描き出し、無数の死を夏の花のようにただ受け止めていった。

「新地獄」の光景は詩獣のガラスを壊した。だが壊れたゆえに図らずも一すじの光が差し込んできた。「たしかに私は死の叫喚と混乱のなかから、新しい人間への祈願に燃えた」(「死と愛と孤独」)。詩獣は自分を「新しく墜落してきた人間」(「廃墟から」)だと自覚し、生き残った意味を「新しい人間」への祈りを言葉に紡ぐことに求めた。ひび割れたガラスの心身が「物凄い饉餓と窮乏に堪え得たのも、一つにはこのためであった」(「死と愛と孤独」)。死の二年前、詩獣は「いま朝が立ちかへつた。見捨てられた宇宙の中へ、叫びとなつて突立つてゆく　針よ　真青な裸身の。」(「冬」)という詩を綴るが、ここには自身を針のように研ぎ澄ませ、死者と未来のために書こうというぎりぎりの生の意志がうたわれている。

だが人間の悪意は原爆によっても滅ぼされることはなかった。「剝ぎとられた」はずの世界は、死者も祈りも忘れたただ「生活意欲に充満して」いった。冷戦時代に入ると、各国が核兵器の開発に着手し保有を宣言。五〇年十一月、トルーマン米大統領は朝鮮戦争で原爆の使用も考慮、という報道がなされる。世界の絶望的状況が、生活苦に耐えながらひとすじの光を求めていた詩獣のガラスに、最後の一撃を与えた。

五一年三月十三日深夜、線路に身を横たえた詩獣が、迫る電車の閃光に見たものは永遠に分からない。だが眼をこらせば粉砕されたガラスの彼方に、今も孤独に佇む影がある。それは「人々

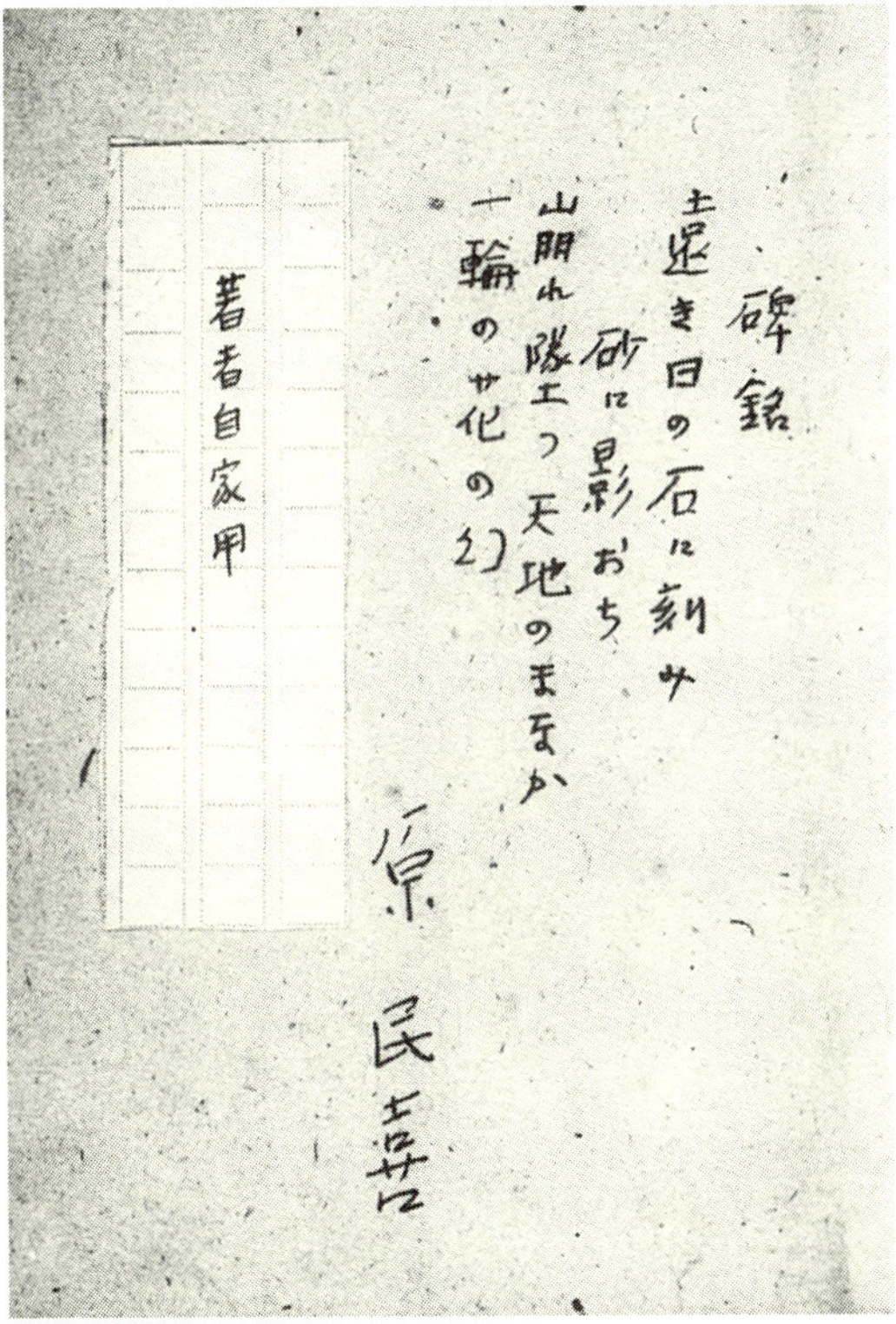
碑銘
遠き日の石に刻み
砂に影おち
崩れ墜つ 天地のまなか
一輪の花の幻
原民喜
著者自家用

原民喜『夏の花』著者自家用本扉の碑銘
（『原民喜　作家の自伝71』日本図書センター、1998年より）

の一人一人の心の底に静かな泉が鳴りひびいて、人間の存在の一つ一つが何ものによつても粉砕されない時が、そんな調和がいつか地上に訪れてくる」(「心願の国」)未来の、一輪の花の幻。見ようとする者の心にだけ花開く幻。

第II部　詩という希望

そこへ言葉を投げ入れよ

詩という希望のために

未来の北の川

イバン・イリイチの『生きる希望』の原書の表題は「The Rivers North of the Future」、「未来の北の川」というパウル・ツェランの詩句である。それは「最後のラジオ・インタビューをもとにして、一冊にまとめられた『遺言』である」この本のエピグラフとして、編者デイヴィッド・ケイリーが掲げた次の詩の冒頭から取られた。「未来の北の川で／わたしは網を投げる　あなたは／ためらいがちに　おもりをつける　石で穿《うが》たれた／影で」。この詩は短くとも（あるいは短いから か）、時のすべてを、広大な湿地帯として越境していくような印象を受ける。だが越境はめくるめく幸福な解放ではない。それは石で穿たれた影によっておもりをつけられている。正確にはおもりをつける「あなた」のそのためらい、怖れによって引き戻されかけている。絶望からか希望からか、網を投げる自己。それへの応答としてか、ためらいながら重さのない影でおもりをつける他者。そのあいだに「北の川」は実在を始める。未来は時を失ったユーフラテスとして、湿地帯に深々と受肉する。イリイチのこの書に感銘を受け、あらたな境地でツェランを再読しようとする私に、このエピグラフはそのように見えるのだ。

「メドゥーサ」「自動機械」とは「アウシュヴィッツ」を生み出した、そしてそれ以後も止まないシステムの野蛮を表象するだろう。システムの中ですべては「疎ましいもの」（今ここにいる私を不安にさせるもの）として同一方向に並んでしまう。前後の文脈からその「疎ましいもの」には二種類あることが分かる。真に人間が自由に目覚めるための不安をもたらすもの（「深淵」）と、システムの盲目的な暴流に身を任せてしまいたくなるような不安をもたらすもの（「メドゥーサの首」「自動機械」）だ。引用箇所の前で前者は「詩にまつわる、一つの出会いのために必要な、どこかしら遠い疎ましいもの」、詩自身が「投企」する「晦渋さ」の母胎であるとも語られる。これら真逆の「疎ましいもの」はシステムの中では同一方向に並び、区別しがたいと言うのだ。

詩においてなされるべきことは、「疎ましいものから疎ましいものを区別する」こと、つまり「奈落」の発見なのだとツェランはここで語っている。それは引用箇所の直前の言葉で言えば、「一つのおそろしい沈黙」「息と言葉をつまらせるもの」だ。システムの中でそのように疎ましくあることを、（ここで話題となるビューヒナー描くレンツの狂気に励まされるように）ツェランは主張する。

つまりツェランの詩業とは、「この一度しかない短い瞬間に」奈落としての言葉を見出すために、孤独な獣となって地を這い、やがて狂気へと追われていく旅だったのではないか。

ギリシア神話でプロメテウスは、人間に天を仰ぎ、星を眺める直立した姿勢を与えたとされる。しかしみずから詩獣として生きることを決意したツェランにとって、神も星も、すでに地に隠された奈落に潜むものだった。そして他者とは、奈落からだけ泳ぎ入ることのできる深い無垢の海に、何の見返りもなく投壜される詩の言葉がいつか辿り着くかも知れない、遥かな心の岸辺そのもののことだった。

ツェランを読み、奈落の眩暈を感じてみよう。「未来の北の川」を、そこに投網するように想おう。「川」に近づき、奈落へ滾《たぎ》り落ちる瀑布の音に、（正確には根源的な静寂の露出であるその音に）耳を澄ませよう。私たちは人間という牢獄から不思議に解放されるはずだ。

ケイリーは、前述の詩「未来の北の川で」と、イリイチの「制度には未来がある……しかし人々には未来なんかない。人にあるのは希望だけだ」という発言をからめてこう書く。

（…）未来は邪神として、天がわれわれの上に開くかもしれない唯一の瞬間、すなわち現在を喰い荒らしている。期待は明日を無理強いする。希望は現在を押し広げて、未来を作る。未来の北方に。

現在を喰い荒らす未来、終末論的な時間、資本主義的な時間が私たちを今このときも貫いている。詩とはその根源的な不幸を救う方途、あるいは唯一の希望のありかでなければならないのだ。言葉の深淵に潜む希望の力、「現在を押し広げる」力の前には、暴流のごとき「未来」の邪神さえ立ちすくむだろう。そして奈落から祝祭のように、鎮魂のように私たちの未知の生命が溢れ出るだろう。ようやく流れ出る複数の川のように私たちは私たち自身となるだろう。詩という「未来の北方」において、私たち、言語を持つ獣の生はアクチュアルによみがえるのだ。

　ツェランの死から四十年近くを経た今、詩人はみずからの言葉をどのように他者に届かせうるか。ツェランの狂気を越え、なお詩獣となることが出来るだろうか。その問いには、人間が今どうしたら希望を抱けるか、というもう一つの問いと困難なまま向き合うことでしか答えられないと思う。イリイチは現在の世界を「黙示録的な世界」、福音が倒錯した時代、つまり信仰が予測に、希望が企画に、隣人愛がニーズになった時代と考えたが、そのような倒錯の極まる果てにある、「メドゥーサ」の笑いがどんな希望をも石くれにしてしまう今このときに、詩という弱きものにどんな逆転がありうるのか。いや、それは必ずある。言葉は世界でもっとも微小なもの、無価値で非在なものであるからこそ。

　システムがわれ知らず自己放棄するような詩の魅惑、はきっとある。

希望を見送って

この国の戦後詩人とツェラン。そこにはどのような繋がりがあるだろうか。戦後詩人がツェランについて直接言及した事実は寡聞にして知らない。だが同じ未曾有の時代を生き残り、詩によって生き抜こうとしたそのことにおいて、両者を関わらせることは出来る筈だ。

次の引用は、鮎川信夫が北村太郎の代表作の一つ「センチメンタル・ジャアニイ」をめぐって延べた一節である。

生きている人間には不可能なものを、「私」は死という可能の終点に見ているのではなく、現在の救いをそうした暗示によって、超越的な啓示に求めようとするのである。いつも飢え、いつも渇いている現在の救いが問題であり、将来は救われるだろうとか、死後には救われるだろう、というようなことは、どうでもよいことである。

詩の言葉は、重たい靴をはこぶ「現在」というものに執着する。もし「現在」に対して、何等の感性的変化も知的感化も与えないような詩は、すぐれた詩とは云えない。(「現代詩とは何か」)

例えばここで取り上げられている北村の作品[*]全体をみたす、根源的な寂しさへとすべてが流れ込むような冬の薄光は、「荒地」を中心とした多くの戦後詩人たちの歩く地平を照らし、拓いていった光である。その「瀕死の光り」の下で、彼らはそれぞれの「今ここ」の荒地をさまよい続けた。みずからの惨めさを靴の重みに感じ、ただ生と言葉について内向的な思考をめぐらせながら。そしてふいに死者のため他者のために、思わず知らず動き出す詩への欲望に賭けた。散文を行分けするような荒削りさえみずからに許すだけでなく、むしろもっとドグマを、とさえ願った。

＊滅びの群れ、／しずかに流れる鼠のようなもの、／ショオウインドウにうつる冬の河。／私は日が暮れるとひどくさみしくなり、／銀座通りをあるく、／空を見つめ、瀕死の光りのなかに泥の眼をかんじ、／地下に没してゆく靴をひきずつて。／永遠に見ていたいもの、見たくないもの、／いつも動いているもの、／止つているもの、／剃刀があり、裂かれる皮膚があり、／ひろがつてゆく観念があり、縮まる観念があり、／何ものかに抵抗して、オウヴァに肩を窄める私がある。／冬の街。（北村太郎「センチメンタル・ジャアニイ」第一連）

彼らもまた、散文と詩のもつ思考の総力をあげ、戦後の人々の惨めな心理とエゴイズムに「感性的変化」「知的感化」をもたらそうとした。それは、ツェランの「未来の北」での仕事と一見比較しがたいように思える。だがたゆまぬ希望への志向としては肉薄しているのだ。足場や環境はむしろ対極的である。ツェランは氷結するごとき「息」を意味の北方で独りめぐらし続け、孤絶しながら「語りかけ得る『きみ』」「語りかけ得る現実」（「ハンザ自由都市ブレーメン文学賞受賞の際の挨拶」）を言葉の非在の力によって模索した。一方この国の戦後詩人たちは、まず社会の荒廃と人々の惨めな心理を、まざまざとした重い現実として感受した。だからそこから語りかける「きみ」は、匿名ながらも「親愛なるX」（「Xへの献辞」）だった。かれらは「なぜ人類のために、／なぜ人類の惨めさと卑しさのために、／私は貧しい部屋に閉ぢこもつていられないのか」（「センチメンタル・ジャァニィ」）と嘆きつつ、「滅びの群れ」（同前）である群衆のただ中で詩作した。ツェランとはまた異なる方途で、どうすれば人間が生き直せるか、祈りのように立ち上がることができるかを考えた。

たとえば霧や
あらゆる階段の跫音のなかから、
遺言執行人が、ぼんやりと姿を現す
——これがすべての始まりである

（鮎川信夫「死んだ男」第一連）

戻らない戦友への哀惜、「善悪の判断からとおく外れていた戦争中のわれわれの生活の中では、何事もなし得なかった」（「現代詩とは何か」）という罪責感、死者の「遺言執行人」としての義務感。それらの感情はたしかに真情だった。だがその結果としてもたらされたメランコリーと、メランコリーが詩の至上の価値とさえ見えてしまったという錯誤は、戦後詩の負の遺産である。それは昭和十年前後という激動の時代に、朔太郎や賢治や中也など最後の近代詩人たちの抒情が晩年それぞれに陥った「憂鬱」を、根底において継承している。メランコリーからは希望は生まれがたい。希望とは「現在のあふれ」であるのだから、メランコリーの本質である過去への偏執があっては不可能なのだ。だが私たちは正の遺産をこそ見るべきではないか。メランコリーを湛えつつ、見事な直観力で詩を立ち上がらせた戦後詩はいくつも存在している。戦後詩人たちが死者や死を意識したのも、最終的には、理念として「超越的な啓示に求めようとする」ためだった。メランコリーと表裏一体となった希望への模索――だが皮肉なことに、戦後詩人は希望を模索することで、むしろおのずと希望を見送っていくことになったのだが。

生と希望

現在を祝祭するという詩が本来持つ垂直性は、今や戦後詩が難じたモダニズムとその変異としてのポストモダニズムが掌中に収めていったかにも見える。もちろん戯れと無思想の中からも希望は生まれない。だが未来を猶予されることは出来たらしい。統辞を揺らし枝葉末節にこだわり、記号というアイコンを点滅させて長い時がしのがれたが、詩はようやく気づき始めている。「もうみずからは詩ではない」という良心だけが、詩としての証であるという、まるでルネ・マグリットのだまし絵のような、だがとても深刻な事態に。

未来に対する世界の不安にひきずられることで、（もはや世界の中で歩くこともままならず）現在多くの詩は書かれているようだ。小暗い死のイメージ、あるいは安易な生への信頼が氾濫している。若い詩人たちは「血」と記せば、他者とコミュニケーションを取れると本気で信じているのだろうか。イベント、朗読会、詩集の発行は症候のごとき量産体制だ。もちろん私もまた煽られ、どこかで煽ってきた一人だから分かる。不安なのだ。忘れられてしまうこと、見放されてしまうことが。だが一体何に？　それが消費社会の次元における他者や読者や権威者であると錯覚することから途方もない不幸が始まる。

詩を書く者たちが忘れているのは、いや正確には忘れられているのは「生」によってなのだ。もっと現在という時代に迫る言い方をすれば「生命」なのだ。

二十世紀初頭、ライナー・マリア・リルケは「未来」に迷う若き詩人へ手紙を寄せた。そこで詩人は、もはやとめどもない時間の暴流のただ中で、いかに「現在」という孤独を確保し詩を書いていけるのか、いくべきかを感動的に示唆している。

> カプスさん、驚いてはいけません、悲しみがあなたの前に、あなたがまだ見たこともない程大きく立ち現われても。不安が光と雲の影のように、あなたの手の上、あなたの行為すべての上を通っても。あなたは思わなければなりません、何事かがあなたの身に起っているのだと。生があなたを忘れてはいなかったのだと。それがあなたを手に持っているのだと。それはあなたを手放しはしないでしょう。
>
> （『若い詩人に与える手紙』）

「生があなたを忘れてはいなかったのだ」（das Leben Sie nicht vergessen hat）——その実感こそが詩の足場であり希望であることを、リルケほど知っていた詩人はいないだろう。それは「生《レーベン》」と「あなた」、あるいは詩人の「生」と「言葉」との一体化の実感である。イリイチの言葉で言えば、それらの「オルガノン」(「オルガノンという言葉はわたしが手にしている鉛筆も、鉛筆を支える手も、その両方を差しています。鉛筆を手から区別するいかなる方法もないのです」)である。

二十世紀の幕が開けると、手からいつしか途方もなく離れていった「道具」は、人間を殲滅させる「大量破壊兵器」として地平から姿をあらわしてきた。内側からは決して破れない人間の「内的法廷」を外から壊してみせようとするかのように。すると「生」もまた中空から乞食のような「死」の姿を晒し始める。

第一次大戦中のある日、リルケはミュンヒェンの公園で散歩中、奇妙なヴィジョンに襲われる。「そのとき公園を散歩していた彼の眼の前に突然ひとつの見知らぬ手が現われて、その平たい甲のうえに茶碗がのっているように思われたのだという」(『リルケ詩集』)。

そこに死が立っている　下皿のない茶碗のなかの
青味がかった煎液が。
なんという奇妙な場所にそれはあることか
その茶碗は或る手の甲のうえにのっている

釉薬《くすり》のかかっているその反《そ》りのあたりには　いまでもはっきりと
耳のかけたあとが分るのだ　それは埃りだらけだ
そして腹のところには　摩り消えた書体で「希望」と書いてある

（「死」第一連）

「耳のかけた」「下皿のない茶碗」が「青味がかった煎液」を湛えて「手の甲のうえにのっている」という奇妙なヴィジョン。ふらふらと手の甲にのり、ついに老い果てて狂った「道具」の道化の姿の幻視に、リルケは未曾有の時代の「死」を直観した。そして「希望」がもはや「摩り消えた書体」であることを。それに対し「マルテの手記」で壮絶に描かれた、「侍従職が一生かかって自分のなかでそだて、はぐくんできた、暴虐な支配者の『死』」は、一人の個人の「生」がそのすべてを賭けて挑んだ、その人固有の死だった。だがリルケのヴィジョンが予感したのは「システムには未来がある」＝システムだけが死なない、というすべての人間の同じ死の始まりなのだ。

リルケはやがて「オルフォイスへのソネット」で、生と死、時間のすべてを包み込む「世界内面空間」をうたい出す。それは全く新しい希望のヴィジョンだった。しかしそれは、リルケという薔薇の、「なにびとの眠りでもない」（「薔薇　おお　純粋な矛盾」）花の中心に思いを馳せる者にだけ、限りなく開かれるヴィジョンだった。

この緑に想う

若きツェランにとってもリルケは「崇める手本」だった（イスラエル・ハルフェン）。それに関連して思い出すのは、戦時中私が今住む京都において、ハングルで詩を書いたかどで逮捕された尹東柱だ（その存在を知ってから、賀茂大橋から北山を望むたび、これが東柱が通学の際に見た景色なのだと思わざるをえなくなった。新緑の山々もどこか甘美につらい）。東柱もまた、リルケを愛したすぐれた詩人だった。文学を学ぶために暗黒時代の日本にあえて留学したのも、あるいはリルケの『若き詩人に与える手紙』に励まされたからではないか。彼の祖国では抵抗詩人として名高いが、ただみずから詩という希望、そして希望の呼び声に従ったということではないか。

今、「生」という言葉が響きがたいならば、「生命」ならばどうか。「生」と「死」は非対称にして一つの、オルガノンの概念だが、「生命」は何と対になるだろうか。やはり「死」なのか。いや生命とは死さえ変転させるものではないか。

古都を三方に取り巻く山々の、果てしない過去から枯れては繁茂してきた緑を見渡す。詩人たちの詩意識が生まれては絶え入った生命の流れを想う。それは暗い、とても暗い流れだ。リルケ、ツェラン、尹東柱、戦後詩人……絶望の中で真に希望を見出そうとした詩人たちは、光をもたらしたのではない。かれらは私たちの絶望が灯るために、より深い闇を残してくれたのだと思う。そこへ言葉を投げ入れよ、と山々が遠く囁く。

ツェランの詩を読むことは、読む者がためらいがちに、だがやがてするどく新鮮に「今このとき」をみずから押し広げていくことだ。その詩の前で、読む者は、言葉による感性の根本的な変革への決意を試される。難解だとして敬遠するならば、それはただ決意の欠如にすぎない。この詩を含む詩集のタイトル「息のめぐらし」(《Atemwende》「息の転回」という訳もある)という言葉は、ゲオルク・ビューヒナー賞受賞講演にも見られる。

> 詩――それは息のめぐらしを意味するものであるかもしれません。詩はもしかするとその道のりを――芸術《クンスト》の道のりでもある道のりを――このような息のめぐらしのために進むのではないでしょうか? もしかすると詩は、その疎ましいもの、つまり奈落ならびにメドゥーサの首、奈落ならびに自動機械が、まったく同じ一つの方向に並ぶように思われるところ――まさしくそこで、疎ましいものから疎ましいものを区別することに成功するのではないでしょうか。もしかするとまさしくそこで、メドゥーサの首はたじろぎすくみ、自動機械は停止してしまうのではないでしょうか――この一度しかない短い瞬間に? もしかしたらそこで、一つの「私」とともに――そこでそのようにして解き放たれ疎ましいものとなった「私」とともに――もう一つの「別のもの」が、自由の身の上となるのではないでしょうか? (「子午線」、傍点ママ)

《花よ、蛇の口から光を奪へ！》

立原道造生誕百年

百年前、詩人は生まれた。二〇一四年の夏、百年後の世界の光の下に、ふたたびその詩と生は蘇るだろうか。この夏、世界は見捨てられたように暗かった。詩人が愛したボードレールの「秋の歌」の終わりの一節、「さようなら！　短かった夏の日の僕らの強い光よ」にふさわしい光の日はあったろうか。雲の間からつかのまあふれた日射しに、「美しい花でありたい」とどこかで子供は願ったか。たそがれの草原に灯る花の黄ランプを、夜が来るまで見つめるひとかげはあったか。花の名を初めて愛する人から教えてもらった幸福な恋人は。わずかなパンで飢えをしのぎ、花の悲しみをうたう詩を書き上げた屋根裏の青年は――。それとも詩人の詩から、全ては奪われてしまったのか。もしそうならば百歳を祝うこととは何か。

百年とは何だろう。それは「時間」ではあっても、詩人の言う「季節」ではない。百年をかけても「人間が花になる。人間が小鳥になる」と詩人が謎かけをした「日曜日の宿題」は、解けはしない。誰かが「時間」にあらがい「季節」を生きようとしなければ、あるいは誰かが詩を生きるという無償で不可能なことにいのちを賭けなかったのであれば、百年とは廃墟でさえない。人だけでなく花や小鳥もいない。

だが短い生においてその人はまちがいなく詩を生きた。そのひとかげが百年をたしかに変えた。その人が生まれる以前に世界はひとたび滅び、その人が消えた後ふたたび滅んだ。そして今なお滅びを望んでいるかのようだ。だがいくたび焼かれようと、世界は破滅しきることはない。つかのまでも一人の詩人が、詩を全力で生きてみせたのならば。たとえふたたび戦いが始まろうと、世界は破壊されきることはできない。世界はすでに、一人の詩人により詩の廃墟とされたのだから。ほんものの廃墟をもういちど破壊することは、「蛇の口」にもできない。

　百年。それが創造してきたものは何か。むしろ失う過程であり続けたのではないか。そして今もますます失っていく。だが失ったというならば、何を所有していたか。所有したものは、所有しているという幻想にすぎなかったのではないか。だが百年（という歴史と歳月と欲望）は、みずからの幻想と決して向き合わない。百年という長大な蛇は、醜く残忍でありながら、自分の貌に向き合いたじろぐことはない。あの二つの原子雲。あれらは無数の死者たちが掲げた巨大な鏡だった。天に向かって見開いた無数の死者たちの眼。あれはどんな怪物をも凍らせる極小の鏡だった。だが百年は見ようともしない。幻想は無傷である。そして百年は今も傷ついた手が掲げるあらゆる鏡の表を流れ、酷薄にかがやかせ制圧していく。

　眼を閉じ、耳を澄ませ、百年の密かな急所にまたたく詩＝生を感じていきたい。その極小でありながら絶対的なあらがいを。百年の暴風雨に向かい、詩人が今も掲げる小さな言葉のランプの光を。ここもまだ、そして新たな百年の蛇の口の中だ。今日もあちこちで鏡は壊れる。みずから割れる。明るく澄んだ空気の内側に、鏡の裏箔のような毒がひしめく。詩人が信じたように「季節」を信じる者はいない。詩人の言ったように「季節」とは信頼であり、「時間」の怪物は信頼を次々呑み込んでいく。すべてが見えているのに、本当には何も見えなくなっていく。「だけど　ほら　言葉は　みんな小さな　ランプ持つてゐる　だろ。だから　すつかり　ぼくには　見えて　ゐる　のさ」。詩人の声が聞こえる。なぜ分かったのだろう。胸の底にランプが灯される。もう一度生き直せるだろうか。詩人もまた病を押し、灯火管制がしかれた「くらい夜をとほつて」北方へ「出発」したのだから。光が禁じられた夜、誰かが誰かのために灯した一つの燈《ひ》を詩人はたしかに目撃したのだから。詩の「ふるさと」には今も誰かが棲む。今も闇にふるえる弱き優しき者たちの絶望と希望のすべてを、詩人は見ている。

でも、なぜ分かったのだろう？　今深まる悲しみが百年の外で不思議なシンクロをしたように。

（…）僕は生きてゐる。問題は、生きてゐる上に、以上に生きたいことだけだ……言葉の乱雑さと穴だらけの連絡を気にするまへに、僕自身いまは混沌として、いそいでゐる。このごろ、ずゐぶん暗かつた。蛇の口から光を奪へ！　僕はやがて強く、光にみたされるだらう。結論でなしに、出発が……

（三八年十一月十一日付小山正孝宛書簡）

のりこえのりこえして生はいつも壁のやうな崖に出てしまふ　ふりかへると白や紫の花が美しく溢れてゐるのだが　僕は　すべてを投げ出して　辛うじてすこしづつ前へ進んでゐる　》光を奪へ！《

（三八年十二月十三日付生田勉宛書簡（実質絶筆））

生の終わりで、詩人はこのように生きる欲望を記した。昨年初めて詩人の書簡を読んだが、とりわけこの「蛇の口から光を奪へ！」という美しい命令法は、私の胸を鋭く射たのだった。知らなかった詩人の声だった。この叫びは一体どのようなものか。その意味は何か。たとえ意味が分からなくても、なぜ一瞬でつよい印象を与えられたのか。恐らくそれは、逆向きのカッコ（》《）の効果も手伝って、全く光の見えない闇の存在を感じさせたからだ。そして「蛇の口」というイメージが、今このときの危機の姿をも生き生きとかたどったからなのだ。

私が何十年かぶりに詩人の世界に触れ始めたのは、二〇一三年秋。しかしすでにそれはかつてと同じ感触ではなかった。さらに書簡集を繙いたのは初めてだった。『全集』第五巻に収められたそれは、まさに二〇一三年という時空で開かれるのを待っていた、生と詩のパンドラの箱だった。箱の隅には「蛇の口から光を奪へ！」が、暗号めいた冷たい光をちらちらと放っていた。光をうたう言葉がちりばめられているのに、「箱」はひどく暗かった。「箱」を繙いたその夜自体が暗かったように。夜は暗かった。初めて繙かれた「箱」の内部そのもののように。

記憶の中で「箱」の暗さは、二〇一三年の時空と不思議に交錯している。特定秘密保護法案が可決されたあの夜の暗さ。初冬の、水銀のように冷たく重く降りてきた夜。まさに「光を奪へ！」と真っ暗な叫びが空にじっとひしめいていたようだ。灯りの乏しい市役所の広場で、人々はすでに顔を闇に溶かし、けものの怒りの濃度を上げていた。スピーチが終わりデモが出発すると、シュプレヒコールが激しく上がった。絶望とのたたかいが始まった。街はすでに酷薄な光に制圧され、声を上げても上げても、隊列の外部で人もネオンサインも沈黙し、物質のような黙殺が抵抗者たちの声の喉を虚空へしめ上げていく。百年の悪意に黒塗りにされる歴史の街路にいるのだ、と痛感した。》光を奪へ！《逆向きのカッコの激しさで、誰かが（私は）叫んだろうか。ひとは（私は）沈黙を強いる暴力を拒むために、どれほどみずからを引き裂くことができたか。それともまだ《》が言葉と心を守ってくれると信じていたのか。今や言葉と心は白紙のように明け渡されていく。もう何もかも遅い（のか）。今という《》は閉じられない（のか）。あるいはそれは逆向きの叫び》《ともならない（のか）。過去と未来は現在のウロボロスとなり始めた（のか）。百年が、悪意の紋様を見せつけ眼の前をよぎっていく（のか）。しかし今、光をどこから、どのように奪えばいいのだろう？

（…）柴岡らと僕たちの青春といふことを語りました。このやうな人生の午前にだけかがやく美しい雲をだれがいちばん多くたのしむことが出来るだらうか、と。僕たちは正午に完成する世界よりも、いちばん多くの美しさを、この午前の光から奪ふことをねがひます。僕らのまはりは暗いかも知れない。しかし、僕らの内部に光を持たないことはあり得ないとおもひます。

（三八年九月三日付深沢紅子宛書簡）

問いかけはこんなふうに応えられていく。私は初めて自分が問いかけていたことに気づく。問いかける誰かをずっと求めていたことを知る。私は、七十数年前の詩人の澄んだ声に応えられたことに感謝する。世界はやはり滅びてなどいない。この世界はいまだ、一人の詩人が遺した、時間に滅ぼされることのない詩の廃墟なのだ。詩人の言葉は問いかける者をつねに待っている。遥かな時空を超え、詩をめぐる「対話」を始めようとじっと目覚めている。「孤独を僕はいまは信じられません。絶えず対話といふことを、そして『共にして』といふことをかんがへてゐます」。

最後の回復期に詩人はそう記した。その後みずからの言葉に励まされるように、病を押し、まだ見ぬ友の待つ北方（東北）と南国（九州）へ旅立った。死にあらがい、死に誘われるように。

「希望がみなむなしくなつてゆく　信頼がみな崩れて行く　愛がすでに信じられない　しかもそれらすべては強ゐられて……もう眠れない夜のなかで　僕の心は　激しく痛みました」（二月十二日付神保光太郎宛書簡）、「僕らすべてを襲つてゐる終末感のなかで、あたらしい仕事への夢想がどれだけ力を持つだらうか」（三月二十二日付杉浦明平宛書簡）——一九三八年の絶望の夜々。その片隅で、詩人は人であることに疲れ横たわり、傷ついた小鳥の姿をあらわにした。「一羽の小鳥に　すぎなくなつた　僕のちひさな生命が　夜にだけ　それを明るい夜にする　ランプのそばで　生きることを　かんがへました　しかし　それは　死なないのではないでせうか　別離に耐へながら光にみちた真昼に　唯一つすべてを肯定した微笑に　信頼して　つづけ営まれる生を　おもひます　新しく生きたいと　おもひます」（一月十一日付小高根二郎宛書簡）。「しかし　それは死なないのではないでせうか」——ためらいがちに希望へと翻るまでに、どのような苦しい思惟があったのか。反芻された絶望は、どれほどのものだったか。》蛇の口から光を奪へ！《小鳥は暴風雨の中で幾度も巨大な蛇に挑み、地に叩き付けられた。何度みずから滅びようと思ったことだろう。だが詩人が力尽きる寸前》光を奪へ！《と美しい叫びを書き付けたこと、「生きてゐる上に、以上に生きたい」と願い、「出発」を忘れなかったことは、弱き優しき者たちにとって永遠の励ましであるだろう。「僕は純粋に、光のなかで、美しい花でありたい。花でありたいというねがひが人間の僕にどんな意味があるのか」(十一月十一日付小山正孝宛書簡)と詩人は自問しつづけたが、そこには身を賭して蛇にあらがおうとする意志がある。蛇という肉食動物にあらがうために、花である以上に有効な方法はないのだ。

二〇一三年、私は立原道造に再会した。二十四年の生涯の闇と光が、数十年の時を越え、新たな蛇の口を前にした私に向かって点滅を始めた。再会の時は、四年前から季刊雑誌『環』に連載している詩人論を書く過程でやって来た。毎回一人という形で書いていくうちに、事実と詩の次元で思いがけなく詩人と詩人が繋がっていき、やがて星座のような繋がりが見えてきたのだが、その花心とも言える位置に立原道造が浮かび上がってきたのである。リルケ、石原吉郎、尹東柱、ボードレール、小林多喜二、原民喜――。ここではその一人一人に触れる紙幅はないが、八年間のシベリア抑留を経験した石原吉郎と、植民地時代の朝鮮に生まれ、留学先の日本で解放直前に獄中死した尹東柱は、立原ととりわけ深い繋がりがあることが見えてきた。

一九五三年冬、舞鶴の引揚収容所で私は二冊の文庫本を手に入れた。その一冊が堀辰雄の『風立ちぬ』であった。これが私にとっての、日本語との「再会」であった。戦前の記憶のままで、私のなかに凍結して来た日本語との、まぶしいばかりの再会であった。「おれに日本語がのこっていた……」息づまるような気持で私は、つぎつぎにページを繰った。その巻末に立原道造の解説があった。この解説が、詩への私自身ののめりこみを決定したといっていい。東京に着いた日に、私は文庫本の立原道造詩集を買い求め、その直後から詩を書き始めた。

（石原吉郎「私の詩歴」）

帰国直後石原は、まず『風立ちぬ』の立原の解説文に魅了され、次に立原の詩を読むようになり、詩を書き始めたという。五三年にはすでに『風立ちぬ』の文庫本はいくつか出ているが、石原が手にしたのがどの版かは不明である。だが文庫のために書き下ろしたという立原の解説文は見当たらないので、恐らく三八年に詩誌『四季』に掲載された、エッセイ「風立ちぬ」の一部が解説として収められていたのではないか（このエッセイについては後述）。石原が、堀ではなく立原の方に惹かれたのは、なぜか。恐らくそこには、石原にとって詩が、シベリヤの記憶から自分を救済する手段だったことが深く関わるだろう。立原の詩や文章からは日本語の美しさだけでなく、詩と生をひとつにして生きていきたいという純粋な思いがつよく伝わってくる。そのような詩人としての立原の清冽さは、敗戦後の祖国の現実を目の当たりにした石原の精神的混乱を鎮めてくれたはずである。しばらく石原は「立原道造ばりの感傷的な」詩を「すがりつくように」書き続ける。だがやがて「立原道造の詩からは嘘のようにふっ切れ」、「誰の影響も受けないまま、自己流に詩を書きつづけた」という（同前）。だが詩的原体験としての立原の語彙やリズムやイメージは、その後も石原の詩に痕跡を残しているのだとしたらどうだろう。例えば「花」というモチーフ——。

花であることでしか
拮抗できない外部というものが
なければならぬ
花へおしかぶさる重みを
花のかたちのまま
おしかえす
そのとき花であることは

もはや　ひとつの宣言である
ひとつの花でしか
ありえぬ日々をこえて
花でしかついにありえぬために
花の周辺は適確にめざめ
花の輪郭は
鋼鉄のようでなければならぬ

（石原「花であること」全文）

硬質の抒情が見事に花ひらいた作品だ。もしこの「花」が、立原の柔らかな抒情の「花」が、シベリアの痛苦に凍りついた果ての姿だとしたら。逆に「しつかり一本通り終りまでぴんとした詩が書きたくてたまりません」（三五年三月二十一日付丸山薫宛書簡）と、みずからの詩の弱さについて悩んでいた晩年の立原が、この詩を読んだら立ちすくんだのではないか。「ぎりぎりの美しさ、それなしには人間の生きてられない美しさでうたひたいと思ひます」（三六年五月十四日付丸山宛書簡）という、立原が求めた「詩の美しさ」。一方「もっとも遠く私を流れるとき、詩は私にもっともうつくしい」（「七二年メモ」）という、石原が直感した「詩の美しさ」。それらはどこかでたしかに交錯する。二人の詩へのまなざしは、この世の外部で同じ焦点を結ぶはずである。

立原は、迫り来る自身の死と戦争による破滅の予感によって、石原は、シベリアの記憶の苛酷さと戦後社会の欺瞞によって、社会から孤絶し「危機」へ追いつめられ、精神に深い亀裂を入れられていった。二人の「危機」を、「花」という存在（あるいは観念）は救ったのだと言えよう。立原では「危機」をうたうように優しく受容し、石原では「危機」を沈黙のうちに硬く押し返しながら。軽井沢と戦後民主主義社会という、二つの「虚構空間」の片隅で。

二〇一三年の今、戦前と戦後の二つの闇が重なり落ちてくる滝壺のような蛇の口で、「花」はなお開くのか。ただ言えるのは、「花」を開かせるためには、今はいない詩人たちのあらがいと「詩の美しさ」への思いを、一人一人の根において探り当てるしかない、ということだ。

先述の「風立ちぬ」は三八年五月から十一月にかけて詩誌『四季』に掲載されたエッセイである。そこで立原は兄事していた堀辰雄に対し、別れを告げている。同時にこれまでの自分に別れを告げ、新しく「出発」しようと決意する。立原の悲しみと切迫した思いが、激しい息づかいと共に伝わってくる文章である。堀は東京帝国大学に入ったばかりの立原を、軽井沢へ導き、「風景のなかでの風景への誘惑と信頼」を与えてくれた。だが弟子は告げる。「僕は、なぜここにゐるのだらうか、ここにゐていいのだらうか、このまま過ぎて行つてしまふのではないか。（略）堀辰雄はあちらの方にゐる、ひとつの額縁のなかで、微笑や仕事や病気の背景の上に。僕らは今、別れを告げようとする。」「この恵まれた誘惑の詩人のなし得たことを僕は果し得るのだらうか。第一の否がここに告白される。しかし、なぜ？――拒絶と意志とが、踏みきれと命じたゆゑに。戦ひに急げと、ひとつの声が叫ぶゆゑに。蛇の口から光を奪へ」。ここでまたあの命令法が顔を覗かせている。だがじつはこれは恩師への決別の辞を借りた、詩人自身への叱咤激励なのだ。正確には、「モダンで心優しい抒情詩人」を乗り越えるための呪文だ。かつて「抒情詩人」は、「日本の中の西洋」と言われた軽井沢の叢で、新古今集の「忍ぶる恋」になぞらえたはかない恋愛をし、西欧の抒情詩の形式であるソネット形式で日本語の詩を作っていた。だが時代の闇と死の予感が近づき無力感が深まる中で、どこでもない時空で誰のものともつかない詩を書くことが、自由から不自由へ変貌したのである。日中戦争の泥沼化と共に、国民総動員体制がしかれた年、全てを呑み込まんとひらいた蛇の口の巨大な闇を前にして、詩人は「美しいいつはりの花」（九月二十八日付深沢紅子宛書簡）をみずから手折ったのである。

一方「風立ちぬ」を書き始める四カ月ほど前、三八年一月下旬立原は『日本浪曼派』の芳賀檀に書簡を送る。著書『古典の親衛隊』を贈られたことへの礼状だが、文面から同書から受けた感動がただならぬものだったことが分かる。独文学者の芳賀とはすでに手紙のやりとりがあり、ハンス・カロッサの詩をめぐって言葉を交わしていたことも窺える（追伸として、自分の詩集をカロッサに送ってほしいという依頼を芳賀が聞き入れてくれたことへの謝辞も記す）。立原は書く。「いま　あの御本のなかで呼吸するとき　私の決意は新らしく　たしかめられます、私もまたひとりの武装せる戦士！　この変様に　無限に出発する生！……いまは　おそらく　あまりにも大きな　時代ではないでせうか」（傍点筆者）。引用文中の「戦士」は、先ほど引用した「風立ちぬ」の「戦ひに急げと、ひとつの声が叫ぶゆゑに。蛇の口から光を奪へ」（傍点筆者）の「戦ひ」とたしかに繋がるものだ。

『古典の親衛隊』を入手し読んでみた（装丁は重厚で、紺地の表紙に天使が金箔押しされる）。そこには立原の文の傍点箇所と呼応する箇所が散見される。「時代は明確なる型を要求してゐる。精神の一兵士となり給へ。僕達は君の救ひを待ってゐたのだ。——又君は、君を今暗くしてゐる危険に就いて、恥づる必要はない。君は又、僕の辿つた多くの恥づべき危険の道に就いても知らねばならぬ。共に暗黒の中にも降り給へ。其処に悪龍と格み闘ち給へ。暗黒を転じて得た光りは、最も力強い光りである」「『眼の前はまるで暗黒だ。僕は滅亡の為に、行くのかも知れない』彼は、私の手を握つた。『暗黒の中に光りを奪へ、ワガトモ』」（傍点筆者）。また他の箇所で立原の引用文中の「出発」の出典と思われる語「出発」も見られる。芳賀の文は恐らく『浪曼派』の語彙や言い回しに満ちており、立原の文もまた芳賀から触発された、『浪曼派』的な文であるのは否めないだろう。さらに絶筆における》光を奪へ！《も、直接的にはこの芳賀の文章が出典だったのだろう（ちなみに『古典』で芳賀は、カロッサの『ルーマニア日記』から引用した旨を記している）。『古典』でこの命令法は頻出し、異様な印象を受けるが、誰に向けた、どのような意図を持った命令だったのか。

「聖戦」を賛美したと言われる『日本浪曼派』について私はまだ全貌が摑めていない。だが立原の一高時代からの友人杉浦明平の批判は激烈だ。「もちろん彼らの言説の中には、一行も文化的なものも芸術的なものも存しない。それは政治的扇動と挑発がラッパの金切声に伴奏せられて軋んでいるばかりだ。それにもかかわらず、立原も晩年に急速にそちらへ偏って行った。彼や彼らの愛用する言葉をもって言えば、彼はあれらの英雄又は宇宙的精神に『邂逅した』のであった。ちょうど闇夜の野路をたどっている人間が、『どぶ』や水溜りに邂逅し、あるいは肥だめに一大邂逅するように。（略）がしかし立原はけっして本当に肥甕の中へ落ちたのではない。彼が落ちる前に、神々は彼の才能を惜しんで天国へ彼を召上げたもうたのである」（「立原道造の進歩性と反動性」、傍点ママ）。杉浦の表現は激しいが、立原を深く愛し、『浪曼派』の実態も目の当たりにした人ならではの信憑性を感じる。さらに続けてこう書く。「いな、そのまま生きていても、おそらくああいう生血の滴るビフテキばかり食ってる連中のように図々しくはなれなかったろう。あのナチと日本軍人の殺人鬼の『祝祭』に加わらなかったであろう。しかしそれだけにむしろもっと悲惨であったかもしれない」。たしかに、立原と『浪曼派』の間には、埋められない深淵がある。言葉と資質が違うだけでなく、生と死への態度が全く違うのだ。終生立原は「固有の死」(リルケ、石原吉郎)を意識して生きた。自分だけの生、自分だけのうた、そして自分だけの死を求めた。それは戦争による大量死を正当化する『日本浪曼派』の態度とは、正反対である。しかしではなぜ芳賀の『古典』に感動したのか。死の予感の下で現実を超えた永遠の生を求めようとして、『浪曼派』の極端な言辞に希望を見出してしまったのか。一方同じく『浪曼派』の詩人である神保光太郎(立原は神保を慕い、浦和の神保宅のそばに「ヒヤシンスハウス」を建てる予定だった)への書簡は全く様相が違う。そこには軽井沢の叢に戻ったかのような、空虚を空虚として堪能する立原固有の詩性がきらめく。

立原の書簡は最期まで、相手によって書く言葉の陰翳や表情をおのずと変えている。それは自分を澄明に保つ意志と相手を気遣う優しさを失わなかった証である。だから『浪曼派』がかった文面も、立原の唯一の思いだったとは言い切れない。そういう意味でも、詩人が三九年以後も生きていたら、と安易に想像するのは間違いではないか。もちろん三八年秋に、皇居前で万歳を唱和したのは事実である。だが「どこか僕にはそれが不自然だつたのです」というためらいを述べているのも事実であるし、さらには「このためらひがどんな力を持つてゐるのだらうか。いろいろなことが僕を詰問します」とも書いている（十月二十八日付丹下健三宛書簡）。詩人は弱さも強さも、絶望も希望も、魂のうごきそのものをありのまま言葉にしようとしたのだ。それはかけがえのない「人間の戦い」の記録である。魂の無限の揺動を外から結論づけることはゆるされないだろう。詩人の言葉に心を添わせ、一九三八年と二〇一三年、そして一四年の光と闇を往還しつつ、詩人の魂を自分自身の魂にくぐらせ、共に揺動しつづけるしかない。

七月十一日、東大阪市の会場で行われたイベント『尹東柱とわたしたち２０１４』で、私は「詩人の覚悟――尹東柱と立原道造」という講演を行った。この日は、東柱が一九四三年七月十四日、治安維持法によって逮捕されてからほぼ七十一年目に当たる。例年この会は東柱が獄中死した二月に行うが、今年は、昨年末の特定秘密保護法案可決にあらがう意味をこめてこの日に決めた。

講演の準備を通して見えてきたものは多かった。一四年生まれの立原と、一七年生まれの東柱。一人は東京の下町に、一人は日本の植民地だった朝鮮に生まれ育ち、文化や言語環境も違っていたが、抒情詩人としての資質はとても似ている。だが二人の間に直接的な交流はなく、とくに立原の方は東柱を知るよしもなかった。当時朝鮮語での出版は危険だったため、生前原稿は揃いながら東柱は詩集を刊行出来なかったからだ。それに対し、東柱は立原を知っていた。いつからか。今回あらためて事実を付き合わせてみて、それが恐らく中学時代だろうと分かった。根拠は、東柱の中学時代の書架に『リルケ詩集』と詩誌『四季』があったという弟の証言（宋友恵『尹東柱評伝』）。立原は十九歳からリルケに心酔し、三四年『四季』創刊に参加してから晩年まで同誌にほぼ毎号作品を発表している。東柱の中学時代は三二年から三七年。すると書架にあった『四季』には必ず立原の詩が載っていることになる。特筆すべきは三五年六月号に載ったリルケの詩「愛する」の立原訳である。この翻訳詩が、すでにリルケに惹かれていた東柱に、立原に興味を抱かせる契機となったのではないか。後に留学先の京都の下宿を訪ねたいとこが、書架に『立原道造詩集』を目撃している（『尹東柱全詩集　空と風と星と詩』年譜）。つまり中学時代にリルケの詩を介して立原を知った東柱が、大学時代には立原の詩を愛読するまでになっていたことになる。

いずれにしても立原と東柱を結びつけたのはリルケである。詩を書くことだけに生涯を捧げたリルケは、二人にとって理想の詩人だったのだろう。だが奇しくも二人はそれぞれの危機のさなかで、リルケと別れてしまう。

（…）果して　僕の経験が　僕に何かを教へただらうか！　経験からは　何も学ばなかつたといふ追憶が　僕を訪れることが出来るならば！　ここに大きな諦らめと　経験との日本の血の　あるひは　江戸時代の血の　誘惑がある。　たたかはねばならない、　そして　打ち克たねばならない。　ここに　出発がある。

一切の戦ひは　日常のなかで　意味を以て　深く　行はれねばならない。　決意した者のだれが　戦列を　とほくに空想したか！　僕らは　すでに戦線についてゐる。

（三八年二月上旬〔推定〕杉浦明平宛書簡、傍点及び字間ママ）

ここで否定される「経験」は、間違いなくリルケが「マルテの手記」で述べた「経験」だ。「詩は人の考えるように感情ではない。詩がもし感情だったら、年少にしてすでにありあまるほど持っていなければならぬ。詩は本当は経験なのだ」（大山定一訳、傍点筆者）。引用文前の箇所では、蜜蜂が蜜を集めるように、七十年、八十年かかってわずか十行の立派な詩が生まれればよいのだ、とも述べている。だがこの書簡を書いた時点の立原は、長生を前提とすることはもはや不可能だった。前年秋に肋膜炎に罹ってすぐに中原中也の訃報に衝撃を受け、直後自身も軽井沢で火事に遭うというように、不幸を立てつづけに経験し神経を病み、死を濃厚に予感し始めていた。一方東柱は日本に留学する直前、四一年十一月に書いた詩「星をかぞえる夜」の中でリルケの名を記す。

お母さん、私は星ひとつに美しい言葉をひとつずつ唱えてみます。
小学校で机を同じくした子どもたちの名前と
佩《ペー》、鏡《キョン》、玉《オク》　こんな異国の少女たちの名前と
早くもみどり児の母となった乙女たちの名前と、
貧しい隣りの人たちの名と、鳩、子犬、兎、ラバ、
獐《のろ》、「フランシス・ジャム」「ライナー・マリア・リルケ」、
このような詩人の名を口にしてみます。

これらの人たちはあまりにも遠くにいます。
星がはるかに遠いように、

（金時鐘訳）

東柱にとってもリルケは星のように遠くなっていたのである。三八年学校教育での朝鮮語禁止、三九年創氏改名令公布というように、朝鮮民族に蛇の口は迫っていた。個人的にも、詩の理想と

現実に生きることとの間で引き裂かれていた。立原の没後四年目に当たる四二年東柱は日本へ留学するが、それはまさに蛇の口の中に入ることを意味した。四三年独立運動の嫌疑で逮捕され、四五年二月獄中で絶命してしまう。

立場は逆でありながら、立原と東柱の二人が対峙した蛇の口の闇は同じである。闇に花としてあらがったことも、詩という「薔薇の内部」（リルケ）が満ちあふれ、やがて世界全体が「世界内面空間」（同）となることを、最期まで夢見ただろうということも。

（…）僕が詩人でありたいとねがふ日に　僕は詩人だと信じます　いかなる意味ででも　この志向が決める世界こそ詩人の場所だと信じます　戦ひは勝つためにではなかつた日はまだ過ぎ去らない　僕はその場所で詩人でなしに死ぬ日にさえ　詩人であつたと信じ得ます

（三七年四月一日付神保光太郎宛書簡）

詩人の祈りは根となり闇を裂き光をもとめ、詩の廃墟に花をひらかせつづける。≫花よ、蛇の口から光を奪へ！≪

エピローグ

二〇一〇年秋から二〇一四年夏までの約四年間は、私にとって、本書に収めた詩人論（『環』連載時のタイトルは「詩獣たち」）を書くために存在したと言っても過言ではない。連載の間ずっと、「詩獣」の遥かなる呼び声を日々どこかで聴き続けていた。心というより身体が応答していた。原稿を書いていない時も、「けもの」の影がうっすらとよぎるようだった。歴史が苦手な自分が、今と過去を往還しながら感じ考えることを、おのずと促されていった。だが「詩獣」の全体像を描き出すのは容易ではなかった。それは原稿用紙一〇枚という枚数制限や私の素養や力量の不足のせいばかりでない。詩人論にはそもそも原理的な難しさがあるからだ。

詩人論とは、詩への思いを抱えて生きた、一人の人間の生涯と真実を描き出すものだ。そこで中心となるべきなのは「生涯」より、むしろ「詩への思い」の方である。あえて言えば詩人論とは、「詩への思い」という、現実には見えにくく歴史化されない無償の情熱が主人公となる物語なのだ。連載を重ねるうち私は、それが未知のジャンルであることを実感した。一人の詩人の全体像は、事実をいくら繋げても見えてこない。何よりもまず「詩への思い」を捉えることが必要なのだ。だがそのためには執筆者自身が「詩とは何か」について、自分なりの思考を準備しておかなくてはならない。そういう意味で詩人論は複層的であり、あらかじめ執筆者自身を巻き込んでいるのだ。そこに難しさがあるのだが、一方で喜びも存在する。それは他者を知ることで自分を知り、自分の中からふたたび他者を知る、という発見に満ちているからだ。

「詩獣たち」。やや奇異と感じながらもタイトルは一瞬で決まった。それ以外考えられなかった。詩人論を書きたい、だが書きたいのは「詩人」ではない、「詩獣」なのだ——直感に突き動かされ、タイトル任せに書き出していた。連載第一回（本書プロローグ）では手探りながらも、「詩獣」の輪郭を描いてみた。「すぐれた詩人とは、恐らく詩獣ともいうべき存在だろう。危機を感知し、乗り越えるために根源的な共鳴《うた》の次元で他者を求め、新たな共同性の匂いを嗅ぎ分ける獣。言い換えれば詩人とは、そのような獣性を顕現させ、人間の自由の可能性を身を挺し示す者である」。あるいはまた、「詩には、人知れず被った暴力によって傷ついた者たちの呻きがひそむ。私たちが聞き届けようと身を乗り出す時、闇から光へ、あるいは闇からさらに深い闇へと身をよじる獣たちがいる。かれらは私たちに応え、私たちを呼ぶ。傷を負ったまま天を見上げ、声なき声で蘇った鋭い痛みに呻き、うたおうと身じろぐのだ。そこに一瞬輝くのは、この世で唯一天を見上げる獣である人間の原形としての、痛々しい輪郭である」。そして連載を終えた今、これらの輪郭にこう肉付けしてみたい。「詩獣」とは、詩への思いが現実以上の現実としてある者であり、かれらにとってはどんな悲惨な外部も、結局は詩という至上の内部に昇華されていくのだ、と。

「詩獣たち」。かれらはこの世の現実に対し、そもそも生の始まりで敗北している。詩が本質的にこの世の言語秩序にあらがってうたおうとするものであるかぎり、敗北は必然である。だが眼を凝らせばその敗北の生には、現実を超えたもう一つの生の光がまつわっている。光はまるで勝利への祝福のように、かれらに絶対的なかがやきとそれゆえの陰翳を与えている。連載「詩獣たち」ではそのような不思議なひとかげであるかれらが、近現代という暗い時空をよぎっていった軌跡を追っていった。それぞれが残した鋭い爪痕、その癒やされない永遠の痛み、そしてかれらが一瞬摑みえた絶対的な自由の冷たさと熱さにも、感覚を伸ばしながら。

だが、一人の詩人の生は言わば無限の宇宙だ。そこには永遠に不可知な深淵が存在する。私が覗き見ることが出来たのは、そのごく一部である。だが見えてきた事実を「詩獣」というテーマに照らして繋いでいくと、小さな星座が生まれてきた。それは、敗北を勝利へと反転させようと身をよじり続ける痛みの星座、「詩獣座」である。そこにはいまだ死の闇が立ち込め、星々は今も迫りくる危機のため身をふるわせている。だが耳を澄ませば、死の闇より黒い光のうたが、たしかに聞こえて来る。

闇より黒い光のうた。そのうたをよりつよく濃厚に聴くために、私は時にテクストを離れ、以下のようなゆかりの地をめぐった。中国吉林省延辺朝鮮族自治省州龍井市明東村（尹東柱の故郷）、青森県三沢市（寺山修司の故郷）、京都府舞鶴市（シベリヤから帰還した石原吉郎は舞鶴港に降り立った）、京都府京都市（立原道造が死の三年前に滞在した寺など）、山口県山口市（中原中也の故郷）、同県長門市（金子みすゞの故郷）、岩手県花巻市（宮沢賢治の故郷）、北海道小樽市（小林多喜二の原点）、広島県広島市（原民喜の故郷）。つまりこれらの九名については「現場」を見た上で、論を書いたことになる。詩人論を書く意識を持ってめぐったそれぞれの土地では、今はいない詩獣の気配を濃厚に感じた。かれらのまなざしがそこここで揺れ動き、かれらが耳にした音や声がどこか反響しているようだった。ゆたかな木々のざわめきや美しい海の光と翳は、遥かな昔そこに佇んだ「けもの」の絶望と希望を感じさせた。その時私もまた、「詩獣を追う詩獣」となっていたのだろう。かれらはテクストに自分の生の全てを注ぎ込んだが、その故郷や原点にはかれらのいのちが今もこんこんと湧いていた。そして今も詩獣を愛する人々がそこにいた。いくつかの「現場」では記念館や墓所に行くだけでなく、そうした人々と語り合うことが出来た。さらに広島と山口では友人と御家族に、また小樽ではツイッターを介し知り合った現地の人々に快く案内もして頂いた。各地の人々の詩獣への愛は私の愛をも誘い出し、胸から言葉を滑り出させた。

ゆかりの地での体験について、具体的に少し触れてみたい。

一番の遠出となったのは、二〇一二年夏、中国東北部の吉林省延辺朝鮮族自治州龍井市にある、尹東柱の故郷、明東村への旅である。在日朝鮮人の詩人である丁章《チョンチャン》さんと御家族、『空と風と星の詩人 尹東柱評伝』（宋友恵）の訳者でもある詩人の愛沢革さんと共に、はるばる訪れた詩獣の生まれた場所は、時を超えた壺中天のような美しく素朴な村だった。道端に咲くたくさんのコスモスに出迎えられ、私たちはまず村長さんの家へ向かった。それは庭に背の高いとうもろこしがざわめき、人なつこい子犬が遊ぶ、白壁に水色の扉が美しい平屋の古い家だった。愛沢さんはかつてこの家に泊まり、夜中に素晴らしい銀河を見て感動したと言う。村長さんにご挨拶した後しばらく村を散策したが、それはまさに、東柱の詩的夢想の世界を鮮やかに垣間見るような、幸福なひとときだった。どこからか鶏の声も聞こえ、叢のころころという透明な虫の音にこちらの身も透き通るようだった。現存する東柱の最後の詩「春」に出てくる「小川」を彷彿させる、陽に煌めく小さな流れにも出会い、私たちは歓声を上げた。そして何よりも、丘の上のキリスト者の墓地にある詩人の墓前で、地元の作家も交えて行ったミニ朗読会は、私にとって一生の記憶に残る素晴らしい時間だった。丘の上では夢のように優しい水色の空が、丘を慈しむように近かった。ああこれが東柱の「天」なのだと直感した。

死ぬ日まで天を仰ぎ
一点の恥じ入ることもないことを
葉あいにおきる風にすら
私は思いわずらった
（金時鐘訳「序詩」）

そして私が今立つここが、創氏改名届けを出す決意と悲しみをうたった詩「星をかぞえる夜」に出てくる「ありあまる星の光が降り注ぐ丘」なのだ、夜になれば、詩にうたわれた真実の名を取り戻した人々がまなざすように、美しい星々の光が降り注ぐのだろう、と想像は深まっていった。朝鮮式のこんもりとした盛土の前に立つ墓碑には、「詩人尹東柱之墓」と刻まれていた。名に「詩人」と冠するのは異例だそうだが、生前原稿が揃いながらも、朝鮮語での出版は危険だったため詩集を刊行出来なかった東柱に、万感の思いを込め遺族は文学的献辞を贈ったと言う。感無量だった。ミニ朗読会を終え気が付けば、詩人の丘に立つ私たちの周囲には、草々を意志あるもののように揺らがせて風が吹き渡っていた。風は死者たちの魂のように、翳り出した景色の中でしきりに何かを伝えようとしていた。この時の風のつよい印象から、「風の痛み」は生まれた。

あるいは、二〇一四年一月に訪れた小樽。その日は大雪だった。札幌から小樽に向かう列車の中で、降りしきる雪に向かって叫ぶ警笛を何度も聴いた。ホームに降り立つと粉雪が激しく舞っていた。見たこともない雪のこまかさ、間断のなさ。永遠を想わせる真っ白な光景に心を奪われつつ、ぼんやり次の一節を思い浮かべていた。「あなたは、北海道の雪を知っているだろうか。それは硝子屑のようにいたくて、細かくて、サラサラと乾いている。雪道は足の下でギュンギュンものの割れるような音をたてる。そして雪は塩酸に似て、それよりはもっと不思議な匂いをおくる」（一九三〇年十二月六日付原まさの宛書簡）。この手紙を書いた時、多喜二は治安維持法で起訴され豊多摩刑務所に収監されていた。幻視された小樽の雪の鮮やかな美しさは、じつは独房の痛苦に裏打ちされている。その時ホームで私が見ていた雪の明るさにも、どこか痛々しさが潜んでいたように思う。遥か昔の、しかし消えることのない詩人の幻想に、その時空は包まれていたのか。駅の改札口で、ツイッターで知り合った人を介し連絡を取り合った詩人が、初めて会った私をすぐに見つけてくれ、そのまま一緒に雪が降りしきる中を、多喜二のデスマスクのある文学館と実家の跡地へ向かった。翌日は一転して晴天に映える積雪を踏みしめながら、現地の多喜二通の人に案内され小説の舞台をめぐることが出来た。多喜二と恋人タキがよく歩いたという水天宮にも、雪をかき分けて辿り着いた。小高いそこから夕光に輝く白い街を見下ろしていると、雪の眩しさがもういない恋人たちの哀切さを、まっすぐ胸に伝えてきた。二泊三日の小樽滞在の間、雪の美しさに包まれながら、多喜二を愛する人々と交わした言葉やまなざしは、最初は心許なかった多喜二に対する私の想像力を、知らぬまに次第に大きく育んでくれた。

そして原民喜の故郷、広島。二〇一四年夏、平和記念式典の前日に訪れた原爆ドームは、小雨が降る中読経に包まれていた。思いがけないほど多くの人がドームの前に集い、祈りを捧げていたのに驚いた。反戦の寄せ書きや原発反対と書かれた横断幕を前にしたドームの姿に、胸をつかれた。「遺骸」としての悲しみを訴えている気がした。六十九年目の「命日」を明日に控え、今を生きる人々の怒りに目覚めさせられた、とでもいうように。そしてこの日に来なければ分からなかった人や事物の表情を、次々目にしていった。原爆資料館の、八時十五分で止まった腕時計。黒ずんだその影の身じろぎ。原爆投下直後の広島市街地の再現模型は、まさにシュルレアリスムの色のない悪夢だった。その「無」の色と拡がりは、「夏の花」における最も被害のひどかった場所の描写を想起させた。原民喜はそこで、「どうも片仮名で描きなぐる方が応わしいようだ」と詩の形へ移行する。

ギラギラノ破片ヤ
灰白色ノ燃エガラガ

ヒロビロトシタ　パノラマノヤウニ
アカクヤケタダレタ　ニンゲンノ死体ノキメウナリズム
スベテアッタコトカ　アリエタコトナノカ
パット剝ギトッテシマッタ　アトノセカイ
テンプクシタ電車ノワキノ
馬ノ胴ナンカノ　フクラミカタハ
ブスブストケムル電線ノニホヒ

この「詩」は模型が俯瞰する壊滅のありさまを、細部から突きつけて来る。「パット剝ギトッテシマッタ　アトノセカイ」の、「ギラギラ」「灰白色」「ブスブス」「ニホヒ」——機械仕掛けの地獄が、五感をえぐりながら痙攣している。そのただ中で原は、生き残った自分が「原子爆弾の一撃からこの地上に新しく墜落してきた人間」だと啓示のように知らされる。だがやがて啓示は亀裂となり、うたと生の不可能性へ切り裂かれていく。「ギラギラ」した永遠の闇でどうしたら生きていけるのか、「キメウナリズム」にあらがう新たなうたは生まれるのか、剝ぎ取られた地上を覆う愛はあるか——。翌日は式典に参列してから、生家跡を訪ねてまちを歩いた。六九年後のデルタ地帯はゆたかな緑が水に映り、水の光に緑は映え、すべては安らぎに満ちているように思えた。生家近くの川に面した兄の家にあった被爆柳も、まだ川べりにさやいでいた。繊細な銀緑色の葉は、みずから不思議な輝きを放っているように見えた。幼い頃からそれを眺めていた詩獣の、魂のガラスに今も守られているかのように。今、私の記憶の中ではヒロシマという街全体が、見えないガラスの中で揺籃されているようだ。

ヒロシマのデルタに
若葉うづまけ
死と焔の記憶に
よき祈よ　こもれ

（「永遠のみどり」）

いのち果てた後も、詩の祈りは続き、祈りは虚空に永遠に刻まれている――やがてそう感じられてきて、私は救われていった。原民喜に対してどこかにあった緊張が解け、筆を起こすことが出来た。

十五名の人選と配置は初めから決まっていたわけではない。連載の過程で前の詩獣が次の詩獣をおのずと呼び寄せていった。例えば石原吉郎に立原道造が続くのは、石原が帰還直後立原の詩に影響を受けたからであり、ランボーに中原中也が続くのはその翻訳者だったからである。あるいは石川啄木には同じ盛岡中学出身の宮沢賢治が続き、賢治には没年が同じながら対照的な生き方をした小林多喜二が続く。寺山修司は、詩世界において空虚への志向を共有するロルカを呼び寄せた。そのように各接点を訊かれればそれなりに根拠は存在する。さらに本書に収録する際、一貫性を考え配置を多少変えたが、全体として恣意的な印象は残っているだろう。だが、人選と配置はすでに初めから決まっていたのかもしれない。プロローグで東柱とツェランを取り上げたのは、最も痛々しく美しい詩への思いを抱えた詩人たちだったからだが、恐らくかれらを「詩獣」と名付けた瞬間、後に続く全ての詩獣は呼び寄せられ、居並んだのである。

私自身もまた私なりに詩を追い、詩への思いに駆られてきた。うたいたいという「獣性」によって、今この時にまで導かれてきたと言えよう。十五名の詩獣たちの思いを辿ることは、詩を書く自分の思いを辿り、深く励まされていくことでもあった。そして今密かに思う。この先うたを消す力がいやまそうとも、未来の闇に爪を立て続けたい。今を照らす偽りの光を消し、危機の暗がりから過去を見つめたい。この世を覆う不死のシステムがいのちのうたを歌い出すまで。

経済性や効率性に偏重していくばかりの世に、詩という無償を突きつけるものを書きたい――そんな思いをかなえて下さった藤原良雄さん、連載開始から的確な読みで伴走して下さった刈屋琢さんに、心から感謝申し上げます。

引用・参考文献

プロローグ

『尹東柱詩集　空と風と星と詩』金時鐘訳、もず工房、二〇〇四年
『パウル・ツェラン全詩集II』中村朝子訳、青土社、一九九二年
関口裕昭『評伝パウル・ツェラン』慶應義塾大学出版会、二〇〇七年
イバン・イリイチ『生きる希望』デイヴィッド・ケイリー編、臼井隆一郎訳、藤原書店、二〇〇六年

第I部　詩獣たち

尹東柱

宋友恵『空と風と星の詩人　尹東柱評伝』愛沢革訳、藤原書店、二〇〇九年
『尹東柱全詩集　空と風と星と詩』尹一柱編、伊吹郷訳、影書房、一九九七年
『尹東柱詩集　空と風と星と詩』もず工房、金時鐘訳、二〇〇四年

パウル・ツェラン

テオドール・W・アドルノ『プリズメン』渡辺祐邦・三原弟平訳、ちくま学芸文庫、筑摩書房、一九九六年
関口裕昭『評伝　パウル・ツェラン』慶應義塾大学出版会、二〇〇七年
『パウル・ツェラン詩論集』飯吉光夫訳、静地社、一九八六年

『パウル・ツェラン全詩集I』中村朝子訳、青土社、一九九二年
アドルノ『否定弁証法』木田元他訳、作品社、一九九六年

寺山修司
『寺山修司著作集』クインテッセンス出版、二〇〇九年

ガルシア・ロルカ
小海永二訳『ロルカ全詩集I』青土社、一九七九年
小海永二『ガルシーア・ロルカ評伝』ファラオ企画、一九九二年
中丸明『ロルカ――スペインの魂』集英社新書、集英社、二〇〇〇年
ロルカ『対訳タマリット詩集』平井うらら訳、影書房、二〇〇八年

ライナー・マリア・リルケ
『リルケ全集』河出書房新社、一九九〇年
『リルケ全集』彌生書房、一九七三年

石原吉郎
『石原吉郎全集』花神社、一九七九年
多田茂治『石原吉郎「昭和」の旅』作品社、二〇〇〇年
畑谷史代『シベリア抑留とは何だったのか』岩波ジュニア新書、岩波書店、二〇〇九年

立原道造
『立原道造全集』筑摩書房、二〇〇六〜二〇一〇年

『リルケ全集第四巻』彌生書房、一九七三年

シャルル・ボードレール

『ボードレール全詩集』阿部良雄訳、ちくま文庫、筑摩書房、一九九八年
河盛好蔵『パリの憂愁――ボードレールとその時代』河出書房新社、一九七八年
『ボードレール全集』人文書院、一九六三年
阿部良雄『シャルル・ボードレール――現代性の成立』河出書房新社、一九九五年
アンリ・トロワイヤ『ボードレール伝』沓掛良彦・中島淑恵訳、水声社、二〇〇三年

アルチュール・ランボー

『ランボー全詩集』鈴木創士訳、河出書房新社、二〇一〇年
サルトル『シチュアシオンⅡ――文学とは何か』加藤周一・白井健三郎訳、人文書院、一九六〇年

中原中也

『新編中原中也全集』角川書店、二〇〇〇〜二〇〇四年
『小林秀雄全集第九巻』新潮社、二〇〇一年

金子みすゞ

『新装版金子みすゞ全集』ＪＵＬＡ出版局、二〇〇一年
今野勉『金子みすゞふたたび』小学館文庫、二〇一一年
河原和枝『子ども観の近代』中公新書、一九九八年
矢崎節夫『金子みすゞの生涯』ＪＵＬＡ出版局、一九九三年
木原豊美『金子みすゞ心の風景』美術年鑑社、二〇一〇年

石川啄木
『石川啄木全集』筑摩書房、一九七八年
『中野重治全集第十六巻』筑摩書房、一九七七年

宮沢賢治
『宮沢賢治全集』ちくま文庫、筑摩書房、一九八六〜一九九五年
見田宗介『宮沢賢治——存在の祭りの中へ』岩波現代文庫、岩波書店、二〇〇一年
『岩波 仏教辞典 第二版』岩波書店、二〇〇二年

小林多喜二
『小林多喜二全集』新日本出版社、一九九二年
手塚英孝『小林多喜二』新日本出版社、二〇〇八年
倉田稔『小林多喜二伝』論創社、二〇〇三年
浜林正夫『「蟹工船」の社会史』学習の友社、二〇〇九年

原民喜
『定本原民喜全集』青土社、一九七八〜一九七九年
川西政明『一つの運命——原民喜論』講談社、一九八〇年
『作家の自伝 原民喜』原民喜、川津誠、日本図書センター、一九九八年

第Ⅱ部　詩という希望

そこへ言葉を投げ入れよ――詩という希望のために

イバン・イリイチ『生きる希望』デイヴィッド・ケイリー編、臼井隆一郎訳、藤原書店、二〇〇六年
『パウル・ツェラン詩論集』飯吉光夫訳、静地社、一九八六年
『荒地詩集1951』国文社、一九七七年
リルケ『若き詩人に与える手紙』斎藤萬七・石野力訳、郁文堂、一九七七年
『リルケ詩集』富士川英郎訳、新潮文庫、二〇〇一年
イスラエル・ハルフェン『パウル・ツェラーン――若き日の伝記』相原勝・北彰訳、未來社、一九九六年

≫花よ、蛇の口から光を奪へ！≪

『立原道造全集』筑摩書房、二〇〇六〜二〇一〇年
芳賀檀『古典の親衛隊』冨山房、一九三七年
『現代詩読本　立原道造』思潮社、一九七八年
宋友恵『空と風と星の詩人　尹東柱評伝』愛沢革訳、藤原書店、二〇〇九年
『尹東柱全詩集　空と風と星と詩』尹一柱編、伊吹郷訳、影書房、一九九七年
『リルケ全集第四巻』彌生書房、一九七三年
『尹東柱詩集　空と風と星と詩』もず工房、金時鐘訳、二〇〇四年

エピローグ

『尹東柱詩集　空と風と星と詩』金時鐘訳、もず工房、二〇〇四年
『小林多喜二全集第七巻』新日本出版社、一九九二年
『定本原民喜全集Ⅰ、Ⅲ』青土社、一九七八年

著者紹介

河津聖恵（かわづ・きよえ）
詩人。1961年生。京都大学文学部ドイツ文学科卒業。詩集に『アリア、この夜の裸体のために』（ふらんす堂、第五三回H氏賞）、『神は外せないイヤホンを』『新鹿』『現代詩文庫183・河津聖恵詩集』（以上、思潮社）、『ハッキョへの坂』（土曜美術社出版販売）等、詩論集に『ルリアンス——他者と共にある詩』（思潮社）。

闇《やみ》より黒《くろ》い光《ひかり》のうたを——十五人《じゅうごにん》の詩獣《しじゅう》たち

2015年1月30日　初版第1刷発行©

著　者　河　津　聖　恵
発行者　藤　原　良　雄
発行所　株式会社　藤　原　書　店

〒162-0041　東京都新宿区早稲田鶴巻町523
電　話　03（5272）0301
FAX　03（5272）0450
振　替　00160 - 4 - 17013
info@fujiwara-shoten.co.jp

印刷・製本　中央精版印刷

落丁本・乱丁本はお取替えいたします
定価はカバーに表示してあります
Printed in Japan
ISBN978-4-86578-010-9

高群逸枝と石牟礼道子をつなぐもの

最後の人 詩人 高群逸枝

石牟礼道子

世界に先駆け「女性史」の金字塔を打ち立てた高群逸枝と、人類の到達した近代に警鐘を鳴らした世界文学（『苦海浄土』）を作った石牟礼道子をつなぐものとは。『高群逸枝雑誌』連載の表題作と未発表の「森の家日記」、最新インタビュー、関連年譜を収録！

口絵八頁

四六上製　四八〇頁　**三六〇〇円**

（二〇一二年一〇月刊）

◇978-4-89434-877-6

『苦海浄土』三部作の核心

新版 神々の村 『苦海浄土』第二部

石牟礼道子

第一部『苦海浄土』、第三部『天の魚』に続き、四十年の歳月を経て完成。

『第二部』はいっそう深い世界へ降りてゆく。（…）作者自身の言葉を借りれば『時の流れの表に出て、しかとは自分を主張したことがないゆえに、探し出されたこともない精神の秘境』である」

（解説＝渡辺京二氏）

四六並製　四〇八頁　**一八〇〇円**

（二〇〇六年一〇月／二〇一四年二月刊）

◇978-4-89434-958-2

石牟礼道子はいかにして石牟礼道子になったか？

葭《よし》の渚 石牟礼道子自伝

石牟礼道子

無限の生命を生む美しい不知火海と心優しい人々に育まれた幼年期から、農村の崩壊と近代化を目の当たりにする中で、高群逸枝と出会い、水俣病を世界史的事件ととらえ『苦海浄土』を執筆するころまでの記憶をたどる。『熊本日日新聞』大好評連載、待望の単行本化。失われゆくものを見つめながら「近代とは何か」を描き出す白眉の自伝！

四六上製　四〇〇頁　**二二〇〇円**

（二〇一四年一月刊）

◇978-4-89434-940-7

絶望の先の“希望”

花の億土へ

石牟礼道子

「闇の中に草の小径が見える。その小径の向こうのほうに花が一輪見えている」――東日本大震災を挟む足かけ二年にわたり、石牟礼道子が語り下ろした、解体と創成の時代への渾身のメッセージ。映画『花の億土へ』収録時の全テキストを再構成・編集した決定版。

B6変上製　二四〇頁　**一六〇〇円**

（二〇一四年三月刊）

◇978-4-89434-960-5

半島と列島をつなぐ「言葉の架け橋」

「アジア」の渚で
（日韓詩人の対話）

高銀・吉増剛造
序＝姜尚中

民主化と統一に生涯を懸け、半島の運命を全身に背負う「韓国最高の詩人」、高銀。日本語の臨界で、現代における詩の運命を孤高に背負う「詩人の中の詩人」、吉増剛造。「海の広場」に描かれる「東北アジア」の未来。

四六変上製　二四八頁　**二二〇〇円**
（二〇〇五年五月刊）
◇978-4-89434-452-5

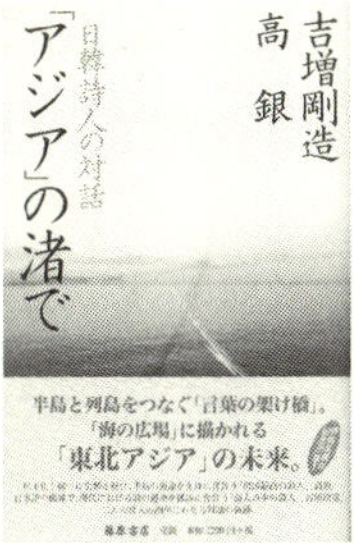

韓国が生んだ大詩人

高銀詩選集
いま、君に詩が来たのか

高銀　**金應教編**
青柳優子・金應教・佐川亜紀訳

自殺未遂、出家と還俗、虚無、放蕩、耽美。投獄・拷問を受けながら、民主化・統一に生涯をかけ、朝鮮民族の運命を全身に背負うに至った詩人。やがて仏教精神の静寂を、革命を、民衆の暮らしを、民族の歴史を、宇宙を歌い、遂にひとつの詩それ自体となった、その生涯。

［解説］崔元植［跋］辻井喬
A5上製　二六四頁　**三六〇〇円**
（二〇〇七年三月刊）
◇978-4-89434-563-8

失われゆく「朝鮮」に殉教した詩人

空と風と星の詩人
尹東柱《ユンドンジュ》評伝

宋友恵
愛沢革訳

一九四五年二月一六日、福岡刑務所で（おそらく人体実験によって）二十七歳の若さで獄死した朝鮮人・学徒詩人、尹東柱。日本植民地支配下、失われゆく「朝鮮」に毅然として殉教し、死後、奇跡的に遺された手稿によって、その存在自体が朝鮮民族の「詩」となった詩人の生涯。

四六上製　六〇八頁　**六五〇〇円**
（二〇〇九年一月刊）
◇978-4-89434-671-0

韓国現代史と共に生きた詩人

鄭喜成詩選集
詩を探し求めて

鄭喜成
牧瀬暁子訳＝解説

豊かな教養に基づく典雅な古典的詩作から出発しながら、韓国現代史の過酷な「現実」を誠実に受け止め、時に孤独な沈黙を強いられながらも「言葉」と「詩」を手放すことなく、ついに独自の詩的世界を築いた鄭喜成。各時代の葛藤を刻み込んだ作品を精選し、その詩の歴程を一望する。

A5上製　二四〇頁　**三六〇〇円**
（二〇一二年一月刊）
◇978-4-89434-839-4

「目に映る／通りを／道と／決めてはならない。」

金時鐘（1929-　）

1929年、朝鮮元山市生まれ。済州島で育つ。48年の「済州島四・三事件」に関わり来日。50年頃から日本語で詩作。在日朝鮮人団体の文化関係の活動に携わるが、運動の路線転換以降、組織批判を受け、離れる。兵庫県立湊川高等学校教員（1973-92）。大阪文学学校特別アドバイザー。詩人。詩集に『地平線』（1955）『日本風土記』（1957）長篇詩集『新潟』（1970）『化石の夏』（1998）『境界の詩　猪飼野詩集／光州詩片』（2005）他。評論集に『「在日」のはざまで』（1986）他、多数。

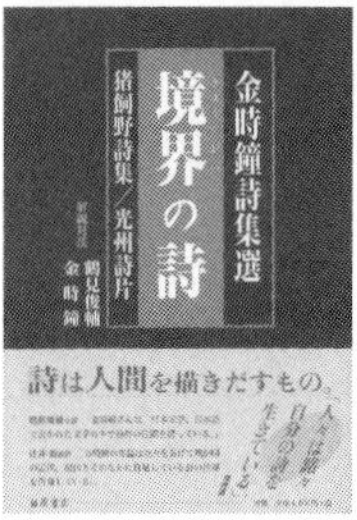

「人々は銘々自分の詩を生きている」

金時鐘詩集選
境界《きょうがい》の詩
〈猪飼野詩集／光州詩片〉

解説対談＝鶴見俊輔＋金時鐘

七三年二月を期して消滅した大阪の在日朝鮮人集落「猪飼野」をめぐる連作詩『猪飼野詩集』、八〇年五月の光州事件を悼む激情の詩集『光州詩片』の二冊を集成。「詩は人間を描きだすもの」（金時鐘）

〈補〉「鏡としての金時鐘」（辻井喬）

Ａ５上製　三九二頁　**四六〇〇円**
（二〇〇五年八月刊）
◇978-4-89434-468-6

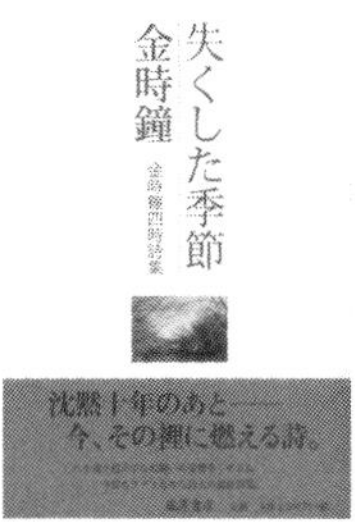

今、その裡に燃える詩

金時鐘四時詩集
失くした季節

金時鐘

「猪飼野詩集」「光州詩片」「長編詩集　新潟」で知られる在日詩人であり、思想家・金時鐘。植民地下の朝鮮で生まれ育った詩人が、日本語の抒情との対峙を常に内部に重く抱えながら日本語でうたう、四季の詩。『環』誌好評連載の巻頭詩に、十八篇の詩を追加した最新詩集。

第41回高見順賞受賞

四六変上製　一八四頁　**二五〇〇円**
（二〇一〇年二月刊）
◇978-4-89434-728-1

みすゞファンにはこたえられない一冊

金子みすゞ心の詩集
The Poetry of Misuzu

よしだみどり編【英訳・絵】

作曲＝中田喜直　編曲・ピアノ＝田中信正

「ロンパールーム」のよしだみどり先生が、英訳、歌、朗読で新たな息吹を与える、みすゞの世界。

［付］**ＣＤ　歌・朗読（日英各三八篇）**
【オールカラー】

Ａ５変上製　九六頁　**二八〇〇円**
（二〇一一年三月刊）
◇978-4-89434-846-2
通常版（ＣＤなし）一八〇〇円（二〇一二年四月刊）
◇978-4-89434-850-9